VICTOR CAMBON

L'ALLEMAGNE NOUVELLE

PIERRE ROGER & Cie. Editeurs

L'ALLEMAGNE NOUVELLE

Collection " Les Pays Modernes "

A travers la Californie, par J. GONTARD, agrégé de l'Université, 20 planches hors texte et 1 carte.

Pays scandinaves et Finlande, par G. LECARPENTIER, 20 photogravures hors texte et 2 cartes.

La Tunisie et ses richesses, par S. FERDINAND-LOP, 21 photogravures hors texte, 3 plans et 1 carte.

La Roumanie nouvelle, par A. MuZET, ingénieur, chargé de mission en Orient, 21 photogravures hors texte et 1 carte.

L'Egypte moderne, par G. LECARPENTIER, 21 photogravures hors texte et 1 carte.

La Grande-Bretagne au travail, par J.-F. HERBERT, ancien professeur à George Watson's College, et George MATHIEU, de l'Agence financière française à Londres, 22 photogravures hors texte et 1 carte.

Etats-Unis-France, par Victor CAMBON, 26 photogravures hors texte, carte et plan.

Au Maroc. *Marrakech et les Ports du Sud*, par le comte Maurice de PÉRIGNY, 26 photogravures et 2 cartes. — *Fès, la Capitale du Nord*, par le même, 25 photogravures hors texte et 1 carte. — *Casablanca, Rabat, Meknès*, par le même, 25 photogravures hors texte et 1 carte.

L'Italie au travail, par L. BONNEFON-CRAPONNE, conseiller du commerce extérieur de la France, président de la Fédération industrielle d'Italie, 26 photogravures hors texte et 1 carte.

La France au travail. — I. *Lyon, Saint-Etienne, Dijon, Grenoble*, par Victor CAMBON, ingénieur E. C. P., 20 photogravures hors texte et 1 carte. — II. *En suivant les côtes : de Dunkerque à Saint-Nazaire*, par M.-A. HÉRUBEL, docteur ès sciences, 20 photogravures et 1 carte. — III. *Bordeaux, Toulouse, Montpellier, Marseille, Nice*, par Victor CAMBON, ingénieur E. C. P., 22 photogravures et 1 carte.

La Belgique au travail, par J. IZART, ingénieur civil, 20 photogravures hors texte.

La Russie et ses richesses, par Etienne TARIS, ingénieur, ancien élève de l'Ecole polytechnique, 24 photogravures hors texte et 1 carte (*5e édition, revue et augmentée*).

Aux pays balkaniques après les guerres de 1912-1913, par A. MuZET, ingénieur civil, 26 photogravures hors texte, 1 carte (*2e édition*).

L'Allemagne au travail, par Victor CAMBON, ingénieur E. C. P., 20 photogravures hors texte.

Les derniers progrès de l'Allemagne, par Victor CAMBON, ingénieur E. C. P., 21 photogravures hors texte, graphique et plans.

Le Canada : *Empire des blés et des bois*, par A.-G. BRADLEY, traduit par G. FEUILLOY, 20 photogravures hors texte et 1 carte (*8e édition*).

L'Amérique au travail, par J. FosTER FRASER, traduit par M. SAVILLE, 32 photogravures hors texte.

Le Mexique moderne, par BIGOT, ingénieur A. M., 26 photogravures hors texte.

Panama : L'œuvre gigantesque, par J. FOSTER FRASER, adapté de l'anglais par G. FEUILLOY, 20 photogravures hors texte et 1 carte (*5e édition*).

Les Cinq Républiques de l'Amérique centrale, par le comte M. de PÉRIGNY, 26 photogravures hors texte, 1 carte (*nouvelle édition, revue et corrigée*).

L'Argentine moderne, par W.-H. KOEBEL, traduit de l'anglais par M. SAVILLE et G. FEUILLOY, 24 photogravures hors texte (*9e édition*).

Au pays de l'or et des diamants, par H.-H. FYFE, *Cap, Natal, Orange, Transvaal, Rhodésie*, adapté de l'anglais par G. FEUILLOY, 22 photogravures hors texte et 1 carte (*4e édition*).

L'Australie : Comment se fait une nation, par J. FOSTER FRASER, adapté de l'anglais par G. FEUILLOY, 20 photogravures hors texte, 1 carte (*7e édition*).

La Chine moderne, par Edmond ROTTACH, 26 photogravures hors texte, 1 carte.

« LES PAYS MODERNES »

VICTOR CAMBON

INGÉNIEUR DES ARTS ET MANUFACTURES

L'ALLEMAGNE NOUVELLE

20 PLANCHES HORS TEXTE, GRAPHIQUE, CARTES ET PLANS

Deuxième édition

PARIS

PIERRE ROGER ET Cie, ÉDITEURS

J. DUMOULIN, Successeur

54, RUE JACOB, 54

L'Allemagne nouvelle *est la suite de l'Alle-*
*magne au travail (*1909 *et* 1911*) et des Derniers pro-*
grès de l'Allemagne (mars 1914*) qui annonçaient la*
guerre imminente. Les pacifistes n'y ont pu contredire
que pendant quatre mois.

L'Allemagne nouvelle *étudie, suivant les mêmes*
méthodes, ce qu'au cours des hostilités et pendant les
années troubles qui les suivent, les Allemands ont
conçu et réalisé de nouveau dans le domaine des tra-
vaux publics, de l'industrie et de la science appliquée.
Pour ce qui est antérieur à la guerre, elle renvoie le
lecteur aux ouvrages précédents.

Laissant aux hommes d'État et aux penseurs litté-
raires l'examen des hypothèses et la recherche des
solutions possibles à la crise universelle, l'auteur se
borne à l'exposé des faits ; il décrit l'activité de nos
ennemis d'hier en dépit de leur détresse publique et
les montre plus soucieux de se préparer un avenir
florissant que de réparer les maux dont ils furent les
artisans.

Introduction

On pourrait pronostiquer scientifiquement l'avenir d'un peuple si, aux éléments certains d'appréciation, ne se mêlaient des variables et des inconnues qui en modifient la destinée. J'écris peuple et non race, parce que de nos jours, chez les nations civilisées, la forme politique domine l'influence ethnique.

Les éléments certains sont l'abondance de la natalité, les qualités physiques, intellectuelles et morales de la masse, les ressources du sol auquel elle s'est attachée ; tandis que les causes imprévisibles de perturbation résident dans la nature de son gouvernement, l'éclosion des hommes de génie qui s'élèvent au-dessus de la multitude, l'immigration plus ou moins active des étrangers et enfin le caractère des voisins que le sort lui a imposés.

Dans les temps anciens, un peuple qui avait réussi à occuper la plus grande partie d'un continent, comme la Chine ou l'Empire Romain, n'avait pas, de long-temps, à se préoccuper de ce dernier facteur. Aujourd'hui, par contre, les progrès de la civilisation, en multipliant les facilités de déplacement, l'ont rendu prépondérant.

Enfin, une dernière considération influence profondément le pronostic, c'est l'âge de ce peuple. Ceci semble à première vue paradoxal, car nous n'avons aucune raison pour attribuer plus d'ancienneté à un groupement qu'à un autre, et cependant l'histoire en démontre la réalité pour les nations comme la physiologie pour les individus.

Non moins régulière est, depuis les temps préhistoriques, la marche continue, inexorable de l'humanité vers l'ouest; les peuples naissent en Orient et vont s'épanouir, puis vieillir en Occident. Jamais les migrations en masse d'autrefois, individuelles d'aujourd'hui, n'ont suivi la direction inverse, ou, si elles s'y sont engagées elles ont toujours échoué[1].

Pourquoi le continent européen a-t-il été, depuis deux mille ans, le théâtre de guerres et de révolutions sans nombre? Parce que des races venues d'Orient, en proliférant, sans se pénétrer les unes les autres, sous un climat favorable, s'y encombrent et s'y jalousent.

Depuis un siècle, les plus énergiques, les plus entreprenants parmi les individus qui les composent, marchant toujours vers l'Ouest, ont peuplé l'Amérique. Mais là, ces hommes de toutes races, y accédant non plus en hordes, en tribus, ou en troupes armées, mais pour ainsi dire un à un, se fondent à un tel point dans la masse qui les a précédés qu'ils perdent jusqu'au souvenir de la nationalité dont ils sont issus.

1. Voir *les Derniers Progrès de l'Allemagne.*

Il n'en peut être de même en Europe, où l'occupation séculaire de territoires restreints par des groupes d'hommes de même race, de même langue et de mêmes coutumes traditionnelles a créé une pléiade de nationalités distinctes dont les rapports, presque toujours peu cordiaux, dégénèrent fréquemment en querelles sanglantes. Jadis tous convoitaient les meilleures terres, aujourd'hui les plus riches sous-sols.

La tentative napoléonienne de réunir, sous une même autorité et une législation commune, ces éléments si divers, ayant échoué, le principe des nationalités est devenu plus vivace que jamais.

Ce culte de l'individu pour sa terre natale et pour le groupement dont il fait partie prend, suivant les époques, des appellations différentes. Il a régné chez nous pendant tout le dix-neuvième siècle sous le nom de patriotisme. Avec les mots de patrie et de liberté, le premier venu faisait vibrer les cœurs français. Ces deux mots, tels des emblèmes sacrés, apparaissaient en toute circonstance. Aujourd'hui, l'un et l'autre ont perdu leur pouvoir magique. Plus que démodés, ils sont devenus suspects. Mais comme, malgré tout, le sentiment que traduisait le mot patriotisme, subsiste toujours dans l'âme des foules qui peuplent depuis longtemps un même coin de terre, on lui a substitué le mot de nationalisme ; et quand il s'exalte, à la façon d'une religion, au point de devenir envahissant, il se transforme, dans le langage moderne, en impérialisme.

De même que l'individu est d'autant plus ambitieux qu'il se sent ou se croit mieux doué, de même le patriotisme ou le nationalisme, ce qui est tout un, est d'autant plus ardent qu'il vibre chez un peuple jeune et vigoureux. L'Allemand qui, lui, a conservé un culte religieux à son *Vaterland* est à cette heure le plus impérialiste de tous et ne fait en cela qu'obéir à une loi imprescriptible de la nature.

Il s'agit bien ici, et je le répète, de peuple et non de race, parce que, chez une nation forte, l'instinct de race s'atténue, disparaît même, devant l'orgueil de la nationalité. Nul n'est meilleur Français que telles familles issues de souche germanique installées chez nous depuis un siècle ou deux. En Allemagne, des descendants de Français ayant émigré après la révocation de l'édit de Nantes figurent parmi les pangermanistes avérés. Et les Israélites allemands ne font-ils pas preuve d'un nationalisme militant ? Beaucoup d'entre eux sont des dirigeants du Reich. Et que dire des États-Unis où la fusion des races est telle qu'on ne parvient plus à les distinguer !

Ce n'est qu'en s'avançant vers l'Orient, c'est-à-dire vers cette Asie, berceau de l'humanité, qu'on retrouve les races bien tranchées, sinon complètement intactes.

On peut comparer, non sans justesse, la marche de l'humanité vers l'ouest à celle des fragments de l'écorce terrestre que le courant d'un fleuve transporte de la montagne à la mer. Ce sont d'abord des blocs informes d'espèces géologiques déterminées que les eaux furieuses du torrent détachent de ses flancs et entraînent dans leur cours. On reconnaît au simple coup d'œil l'origine de chacune de ces masses. Plus loin, les heurts et les frottements les ont émoussées et divisées, mais leur provenance reste toujours visible ; même réduites à l'état de cailloux roulés, entremêlés et innombrables, leurs teintes diverses et leur contexture décèlent encore la roche dont ils sont issus ; mais lorsqu'enfin l'action continue des eaux les a pulvérisées au point qu'elles ne forment plus dans le lit tranquille du fleuve que de vastes bancs d'un sable homogène, le calcaire et le granit, le schiste et le basalte sont mêlés, confondus et désormais impossibles à distinguer.

*
* *

Sur la scène du monde, maints peuples, tour à tour, ont tenu le premier rôle. Sans remonter à l'Assyrie et à l'Égypte, aux Grecs, aux Carthaginois et aux Romains, nous voyons, en nous tenant aux temps modernes, que les Portugais furent, au seizième siècle, les grands explorateurs maritimes et les plus hardis pionniers des lointaines entreprises. Charles Quint fit des Espagnols le grand peuple de son temps. Puis ce fut le tour des Hollandais, que la France de Louis XIV rejeta au second plan, pour céder le pas à son tour, pendant le dix-huitième siècle, aux Anglais dont l'hégémonie n'eût pas été troublée jusqu'au vingtième siècle sans la foudroyante apparition de Napoléon.

Et l'histoire nous enseigne que les peuples se refusent toujours à accepter leur déchéance. Alors qu'ils sont à leur déclin, ils se croient encore à leur apogée.

Pendant que les autres se disputaient le premier rang, une nation, jusqu'alors inconnue et misérable, s'efforçait de faire sa trouée dans le monde par la ruse et la violence, mais avec une incroyable ténacité. Elle eut la chance en outre de posséder, à un siècle l'un de l'autre, deux chefs de génie. Le premier, Frédéric II, la haussa au rang de grande puissance, le second, Bismarck, en agglomérant l'Allemagne entière, en fit la plus formidable nation de l'Europe.

Un jour vint cependant où ses arrogantes prétentions à l'hégémonie réunirent contre elle presque tout le monde civilisé et elle fut vaincue dans la lutte inégale qu'elle avait provoquée.

Ébranlées par ce choc effroyable, les nations n'ont pas encore pu reprendre leur aplomb. Mais alors qu'il semblerait que cette Allemagne, après sa défaite, dût rester pour longtemps abattue, c'est elle qui, autant par la faute de ses adversaires que grâce à son étonnante vitalité, est la première à se relever. Rien ne démontre mieux que ses malheurs d'hier n'ont été qu'un temps d'arrêt à ses vastes desseins.

Pour les esprits superficiels, l'explication d'une renaissance aussi rapide tient tout entière dans le fait que les vaincus n'exécutent pas les conditions qui leur ont été imposées.

Raisonner de la sorte, c'est ne tenir aucun compte du coefficient de vitalité dont ils sont doués ; de cette même vitalité qui leur a rendu possible une résistance de cinquante mois à tout un monde d'ennemis légitimement armés contre leurs ambitions démesurées.

En quoi consiste l'organisme puissant qui a alimenté cette résistance et qui ranime aujourd'hui ce peuple, que l'Entente avait terrassé ? C'est ce qu'il importe d'analyser avec attention, impartialement, et sans se laisser influencer par le sentiment qui, généralement, déforme la raison.

Une multitude d'ouvrages ont paru sur la politique allemande avant, pendant et après la guerre, sur les erreurs de la diplomatie des alliés, sur les aspirations sociales qui mettent en péril les nations et le bloc allemand tout le premier ; mais on chercherait en vain une analyse rigoureuse de la vigueur respective des peuples fondée sur la puissance de travail, les facultés d'organisation, l'endurance devant l'adversité et le culte de la science qui, pour les collectivités comme pour les individus, et dans la paix comme dans la guerre, est l'unique planche de salut.

Nous n'avons encore vu ces facteurs envisagés ni par les militaires, ni par les financiers, ni par les diplomates. Comment, dès lors, peuvent-ils établir des plans sérieux, faire des calculs exacts, prendre des résolutions efficaces ?

Ils n'étudient pas, et c'est à qui s'abandonnera le plus paresseusement à la loi du moindre effort. Et pourtant, quand on veut supputer l'avenir d'une nation, on doit moins faire état de ses agitations et de ses violences que de sa nonchalance et de son inertie.

*
* *

On a prêté à Clemenceau une boutade — on ne prête qu'aux riches — que je doute fort que notre vieux Père la Victoire ait jamais proférée.

Comme on discutait, à Versailles, la question du pétrole et qu'on lui montrait le danger pour la France d'en être privée : « Le pétrole, lui fait-on répondre, j'en trouve tant que je veux chez mon épicier ! »

Cette phrase symboliserait cruellement l'état d'âme d'un pays qui s'abandonne.

J'en trouve chez l'épicier ! C'est la devise des ministres éphémères dont les actes sans préparation ne sont que des expédients sans portée ;

des fonctionnaires indifférents à tout, même à leur service, pourvu que la princesse les paie ;

des politiciens pour qui l'épicier c'est l'électeur ;

des financiers sans entrailles qui tuent la poule aux œufs d'or ;

du bourgeois pâmé dans la jouissance immédiate, les yeux clos devant la crise de demain ;

du producteur attardé et sans défense que le concurrent abattra demain ;

du commerçant qui ne s'en fait pas et se laisse ravir le marché par de plus laborieux ;

de l'ouvrier, les bras croisés devant la machine qui donnerait du pain ou du travail aux camarades ;

du citoyen qui va pêcher à la ligne au lieu de voter ;

de l'homme de la rue à qui l'individualisme tient lieu d'esprit public ;

des innombrables ménages qui ne veulent avoir qu'un enfant, ou pas du tout.

* * *

Mais s'il est un peuple convaincu qu'on ne trouve pas tout chez l'épicier, c'est le peuple allemand.

CHAPITRE PREMIER

L'Aspect du pays

Rien n'est plus divergent que les récits, sur l'état de l'Allemagne, des Français qui en reviennent. Pour les uns, le pays nage dans la prospérité, pour les autres, il est plongé dans une sombre misère. Ce sont là deux extrêmes entre lesquels s'inscrivent beaucoup d'opinions intermédiaires.

En réalité, les unes et les autres peuvent se soutenir ; tout dépend du milieu que l'on a observé, car les Allemands, à cette heure, se divisent en deux catégories, ceux qui travaillent et produisent et ceux qui vivent sur leurs revenus ou sur des émoluments fixes. De ces derniers, le cours du mark fait nécessairement des miséreux, quel que soit le montant de leur fortune, tels les fonctionnaires, les rentiers, les pensionnés, les étudiants, etc. Je pourrais ajouter les chômeurs, s'il y avait des chômeurs, mais il n'y en a pas.

Pour juger de la situation de ce peuple, que les conséquences de la guerre déclarée par ses dirigeants ont si complètement bouleversé, il faut pouvoir faire, entre sa situation actuelle et celle qui a précédé les hostilités, une comparaison *de visu* que peu de Français sont en mesure d'établir, car le nombre de nos compatriotes connaissant bien l'Allemagne de 1913 était infime. Il est plus grand, aujourd'hui, parce que la région occupée par les troupes alliées attire constamment des parents ou amis de nos militaires et des touristes auxquels le bon marché de la vie procure un voyage extraordinairement économique, et encore quelques chercheurs, au hasard, de bonnes affaires.

Mais déjà faut-il distinguer entre les conditions d'existence de l'Allemand des provinces occupées et de celui des territoires libres. Incontestablement, il y a moins d'indigence en Rhénanie que partout ailleurs, parce que l'affluence des visiteurs, les locations qu'ils acquittent, leurs achats qu'ils paient sensiblement plus cher que les nationaux allemands, engendrent sur place une aisance assez générale, quoique, là encore, l'homme à revenus fixes soit lourdement handicapé.

Les services publics

Mais où le manque de ressources se manifeste, c'est dans les services publics. Le premier wagon allemand dans lequel on monte n'a plus cette tenue et cette propreté que l'on admirait naguère ; les appareils de sécurité, les thermomètres dans les compartiments ont disparu, la lumière qui était éblouissante n'est versée que parcimonieusement aux voyageurs, les machines sont moins bien astiquées ; fréquemment on constate qu'une vitre est brisée ou qu'une portière ferme mal, ce qu'on n'aurait jamais vu naguère. Il y a là une infinité de détails qui dénotent du relâchement et du manque de fonds.

Mêmes observations dans les gares ; quelques-unes sont véritablement sales ; sur toutes les lignes, le nombre des trains a été réduit ; les buffets, qui jadis regorgeaient de victuailles, en sont piteusement appauvris ; la tenue des employés n'a plus cette impeccable correction qui frappait les Étrangers et, remarque curieuse, on ne trouve presque plus de porteurs de bagages, probablement parce que les Allemands, par économie, les transportent eux-mêmes. C'est qu'il en coûte plus de faire porter une valise du wagon au plus proche hôtel que de parcourir 100 kilomètres sur la ligne. Rien n'explique mieux la détresse des chemins de fer du Reich que le bon marché, presque scandaleux, des tarifs. On va de Cologne à Berlin — plus de 500 kilomètres — en seconde classe pour moins de cinq francs, y compris le supplément d'express. Aussi les trains, dans toutes les directions, sont-ils bondés. Des masses de voyageurs, avec une imperturbable résignation, passent la nuit debout dans les couloirs. Le stoïcisme du public devant la dureté des temps est vraiment remarquable. Et le plus extraordinaire est que, pendant la belle saison, ces gens-là, hommes, femmes, enfants sont en voyage d'agrément ; leur accoutrement ou leurs engins de tourisme montrent qu'ils se rendent à la mer ou à la montagne.

Les prix d'hôtel sont de même ordre que ceux des billets de chemins de fer. Les restaurants sont également très bon marché, mais la cuisine — qui fut toujours le point faible de la vie allemande — a encore faibli ; par contre, on peut s'offrir les meilleurs vins du Rhin à des prix dérisoires ; une bouteille de

Rudesheim ne coûte jamais plus de 1 fr. 25. De grandes
feuilles de papier blanc remplacent nappes et. ser-
viettes. Dans les chambres, c'est tout juste si l'on dis-
pose d'un unique et pauvre linge de toilette.

Les habitants

La plupart des villes ont conservé leur aspect confortable et soigné. Les magasins restent attrayants,
plus ou moins bien garnis, suivant qu'on y débite des
articles fabriqués en Allémagne ou d'importation
étrangère. N'y cherchez pas de riches soieries ou des
draps de marque ; d'ailleurs, si on les y découvrait,
le marchand refuserait de les céder aux Étrangers
pour ne pas en priver ses compatriotes ; il sait qu'il ne
peut plus importer les matières qui y entrent aux prix
marqués sur les objets mis en vente.

Nonobstant les hommes sont toujours mis convena-
blement ; sur ce point, rien de changé. L'Allemand,
à quelque classe qu'il appartienne, n'est jamais dégue-
nillé ; quels prodiges d'attention il doit faire pour
que ses habits ne soient ni déchirés ni crasseux !

Passant un jour dans la petite ville de Landau
(Palatinat bavarois) qui ne compte pas plus d'une douzaine de milliers d'habitants, je croisai un enterre-
ment que suivaient plusieurs centaines d'hommes uni-
formément en longue redingote de drap noir et en
chapeau de soie. Tous n'étaient pas, il s'en faut, des
richards, et cependant tous possédaient une redingote
noire et un chapeau de soie !

Le soir, dans les villes, les différences entre le présent et le passé s'accentuent. Ceux qui n'ont pas vu

l'Allemagne avant la guerre ne se doutent pas de l'orgie d'éclairage qui illuminait les rues et les magasins. Aujourd'hui, cette débauche a cessé ; jusqu'à onze heures du soir, la lumière est falotte, la nuit c'est presque l'obscurité. L'économie, mais plus encore la disette de combustible en sont la cause. Le public comprend qu'il faut le réserver à des buts de production, tandis que l'éclairage intense n'est que somptuaire.

Dès lors, le noctambulisme, qui était une des caractéristiques des grandes villes allemandes, a singulièrement diminué. Les théâtres, les cinémas, les music-halls, assez régulièrement pleins, ferment leurs portes de bonne heure et le public ne se disperse plus, comme autrefois, par grappes, dans les brasseries et les cafés pour y consommer du solide et des liquides jusqu'à une heure avancée de la nuit.

Je n'ignore pas que beaucoup d'explorateurs, qui ont découvert l'Allemagne depuis l'armistice, ont raconté le contraire ; cela tient à ce qu'ils n'avaient pas connu l'animation nocturne d'antan à Berlin, à Hambourg, à Leipzig, à Munich, à Hanovre, etc., et aussi parce qu'ils ont limité leurs observations aux quartiers de plaisir où les fêtards n'ont point perdu leurs habitudes ; mais partout ailleurs ce genre d'existence a disparu.

Par contre, les Étrangers qui parcourent le pays sont unanimement frappés de l'étonnante quantité de maisons, d'usines, de monuments en construction. Ce phénomène se manifeste dans toute l'Allemagne, et quand on n'a pas de maison à édifier, on restaure celle que l'on possède.

A Berlin, dans la longue Friedrichstrasse, on ne voit pas un immeuble sur trois qui ne soit couvert d'échafaudages. Il y a là des combinaisons antifiscales dont l'analyse échappe à mon programme ; il y a occasion de faire exécuter des travaux à bon compte en vertu de la baisse du mark ; il y a enfin le désir orgueilleux de s'assurer un avenir confortable et reluisant. Ceux qui opèrent ainsi ne sont, on peut me croire, ni des bureaucrates, ni des rentiers, mais des hommes d'affaires, des banquiers, des spéculateurs cosmopolites.

Et le peuple offre-t-il l'aspect d'une misère généralisée ? A voir les regards d'envie que les passants jettent sur les étalages de marchands de comestibles, on reconnaît que ce monde ne mange pas à sa faim. De là un immense mécontentement qui se traduit ici et là par des manifestations sanglantes et prépare le terrain aux idées bolchevistes qui causent aujourd'hui l'appréhension la plus vive aux classes élevées de la nation. Ces dernières s'efforcent à leur tour, par une propagande de diversion systématique, de faire dévier sur la France, soi-disant cause de tout le mal, la haine que ces gens ont dans le cœur.

En réalité, la cause de la disette réside à peu près uniquement dans l'infime capacité d'achat du mark à l'égard des denrées exotiques qu'il faut bien cependant importer, puisque l'agriculture allemande, quoique intensive, ne peut pas nourrir plus des deux tiers des habitants.

Avec 400 ou 500 marks par journée de huit heures, qui représentaient un salaire moyen lorsque les 100 marks valaient 1 franc, l'ouvrier pouvait vivre grâce à ses coopératives et à la condition de limiter sa consommation aux denrées les moins chères ; mais pour peu que sa famille soit nombreuse, et c'est le cas ordinaire chez nos voisins, la misère s'installe au foyer pour n'en plus sortir. Je me demande ce qu'il peut en être aujourd'hui où le mark a encore perdu les quatre cinquièmes de sa valeur de l'été, déjà si faible.

Toujours est-il que l'on redoute partout l'aggravation de la disette et des souffrances au cours de l'hiver.

Déjà l'on peut s'en faire une idée en regardant les longues files de femmes, de vieillards ou d'infirmes qui se pressent, un bon de papier à la main, aux portes des bureaux de secours pour recevoir une maigre ration de pain, de pommes de terre ou de sucre.

La sous-alimentation et le désarroi moral, où sont tombées les masses populaires, ont beaucoup diminué le rendement de leur travail. Toutes les productions s'en ressentent. Néanmoins, la différence est telle entre les salaires d'un travailleur allemand et d'un travailleur anglais, scandinave ou français, que l'industrie allemande, quand il s'agit de lutter contre ses rivales sur les divers points de la mappemonde, est incomparablement avantagée.

Les enfants

Chez tous les peuples, mais surtout dans une nation soumise à un état aussi anormal, l'examen de l'enfance fournit un pronostic irréfutable. Or, l'enfance chez les Teutons est restée aussi nombreuse et sa robustesse paraît s'être nettement accrue.

Est-ce dû, comme certains le disent, à la disparition à peu près complète de l'alcoolisme? Je crois plutôt que le facteur principal de cette vigueur physique est l'hygiène sous toutes ses formes.

Ces volées de moutards qui pullulent partout, bruyants et batailleurs, n'ont rien dans leur belle mine qui rappelle que la plupart sont nés pendant la terrible période de la guerre. Dans les faubourgs des villes et dans les campagnes, presque tous courent tête nue et nu-pieds au soleil comme à la pluie; c'est à la fois une école d'endurance et une économie; mais il ne faudrait pas croire qu'ils soient pour cela de jeunes va-nu-pieds; car leurs vêtements sont propres et en bon état; c'est seulement une coutume qui s'est installée et généralisée. Au reste, le nu-tête a gagné tous les âges et tous les rangs de la nation; on rencontre partout des gens de la meilleure société, non pas qui tiennent leur chapeau à la main, mais qui n'ont pas de chapeau, même en voyage.

Pour les femmes, un filet à larges mailles, qui retient les tresses classiques de Gretchen, leur tient lieu de coiffure; quant à leurs toilettes... ce sont des toilettes d'Allemandes. C'est dans cet accoutrement que le sport et le tourisme les appellent. On peut hardiment avancer que la moitié des sorties des Allemands des deux sexes — je parle en été — sont motivées par un match, une excursion ou une partie de tennis.

Et je ne mentionne pas ceux qui s'en vont, nus comme de jeunes faunes, se livrer aux exercices et aux sports dans la lande ou la forêt.

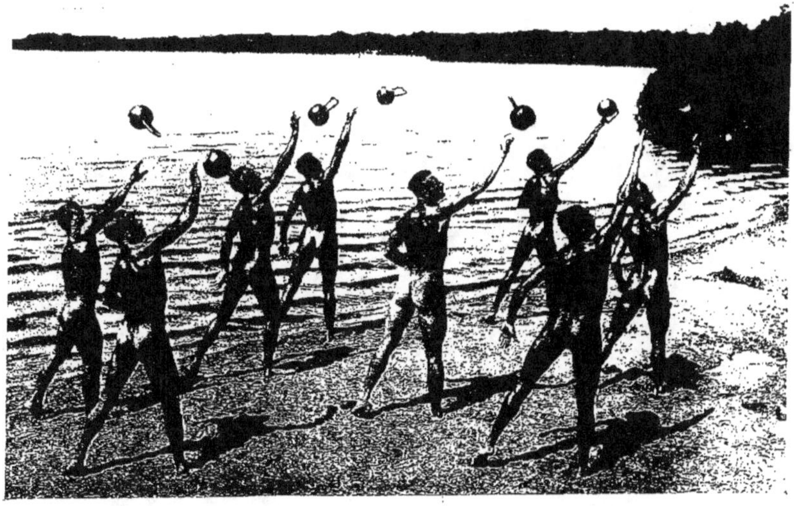

Sport sans entraves, entre la terre, l'air et l'eau.

L'hygiène

A peine sortis de la première enfance, les marmots commencent à se livrer à des jeux violents. Plus tard, vient la gymnastique scolaire, disciplinée, avec mouvements d'ensemble, et chez les jeunes gens, tous ces exercices prennent un caractère moitié sportif et moitié militaire.

Telle est l'explication de ces inévitables parcs à jeux et terrains de sports, spacieux comme des places d'armes, que l'on trouve non seulement dans les villes, mais encore dans les bourgs et les villages.

Jamais peut-être il n'y eut en Germanie un tel vent de discorde et de mécontentement, mais il est un point sur lequel tous les partis, toutes les classes sont d'accord : c'est la nécessité absolue d'entretenir, mieux encore, d'accroître la vigueur de la race après la saignée qu'elle a subie.

On parle beaucoup en France de supprimer le taudis; on en parle également en Allemagne, mais moins, pour la raison majeure qu'il n'en existe presque plus.

Jules Huret, dans un de ses livres, raconte qu'il demanda en 1908 au bourgmestre de Berlin de lui indiquer quelque quartier sordide comme on en trouve à Paris ou à Londres. Ce magistrat le conduisit dans un faubourg populaire où vivaient sur des terrains vagues un certain nombre de familles logeant dans des maisons maçonnées, basses, avec un petit jardin autour.

— « En fait de taudis à Berlin, lui dit le bourgmestre, c'est tout ce que je peux vous montrer. »

Partout les mesures obligatoires d'hygiène suivent pas à pas les enseignements de la science dans ce domaine.

A la campagne

Et quand on sort de la ville pour errer dans la campagne, le spectacle est plus édifiant encore ; il peut se traduire par ces deux propositions : les récoltes sont magnifiques et le paysan est bien logé.

Comme en tout pays d'Europe, c'est le cultivateur qui a le moins souffert des suites de la guerre. Même les journaliers agricoles, beaucoup plus nombreux en Allemagne qu'en France, jouissent d'un bien-être relatif. On s'occupe d'eux tant au point de vue matériel que moral. J'ai vu dans un journal humoristique un dessin assez amusant à ce propos : il représente un vieux bonhomme qui travaille sa terre ; un passant s'arrête et lui dit :

— « Comment, père Muller, à soixante-quinze ans vous piochez encore ! Et vos enfants ? »

— « Il faut bien, répond Muller, mon fils aîné est secrétaire de la coopérative agricole et le second est régisseur du théâtre des paysans. »

L'abandon de la terre est-il un fléau en Allemagne comme en d'autres pays ? On en doute en remarquant qu'il n'y a nulle part un mètre carré de terrain privé de culture. Ajoutons qu'on ne trouve jamais un mur, une haie, un fossé qui gêne ou diminue la surface labourable.

Beaucoup de travaux, dans l'ouest surtout qui est plus morcelé que l'est où dominent les immenses *Rittergutz*, sont encore exécutés à la main. Il y a là de la clientèle à servir pour les fabricants de matériel agricole.

Les bras féminins fournissent un appoint considérable à l'agriculture. On voit beaucoup plus de femmes que d'hommes occupées aux menus travaux des champs et souvent même à des besognes pénibles, telles que le transport à dos, à l'aide de crochets, de très pesants fardeaux. Ce qui ne les empêche pas de donner le jour à des escouades d'enfants.

La natalité s'est maintenue à peu près aussi abondante qu'avant la guerre, oscillant autour de 26 p. 1 000, tandis que les décès n'atteignent pas 15 p. 1 000, ce qui donne bien une augmentation annuelle d'environ 700 000 têtes.

Ces petits Teutons vont obligatoirement et sans défaillance à l'école, où le maître leur enseigne — comme autrefois, car c'est toujours le même — que l'Allemagne est le peuple *uber alles* et qu'ils lui doivent un dévouemeut absolu. Si le patriotisme allemand venait à disparaître, c'est à l'école du village qu'on le retrouverait. Aussi le cultivateur allemand est-il hostile à la Révolution.

Après l'école, on voit ces petits bonshommes en bandes jouant à travers champs ou initiés par leurs parents aux travaux de la ferme. Du bord d'une route j'en ai vu trois qui m'ont fort intéressé. Agés de huit à dix ans, ils manœuvraient une toute petite charrue non pas un jouet, mais une vraie charrue, bien agencée avec un vrai soc en acier gauchi. Deux des moutards y étaient attelés, le troisième tenait les mancherons et tous ensemble ils labouraient le champ avec l'ardeur d'athlètes à l'entraînement, traçant un sillon de quelques centimètres de profondeur bien rectiligne. Cela ne valait-il pas mieux que de polissonner le long des chemins !

Ce spectacle se montrait là comme un symbole. On pourrait presque écrire que tous les gestes dans ce pays sont exécutés en vue d'une production, ou sont le simulacre d'un travail.

Ces paysans à la stature robuste et lourde sont eux-mêmes solidement instruits en leur profession ; ils suivent des cours d'agronomie qu'on leur fait au village et ils en réalisent ponctuellement les enseignements pratiques.

Pendant les deux années qui ont suivi la guerre, des conférenciers parcouraient l'Allemagne, exposant à tous, pour les maudire, les clauses du traité de Versailles et le monde rural s'y rendait avec empressement.

On reconnaît là le goût inné de l'Allemand pour l'instruction objective.

Il n'est ville ni village qui n'ait sa bibliothèque publique toujours assidûment fréquentée, et point n'est besoin qu'un bourg soit important pour qu'il s'y étale une ou plusieurs librairies.

Les lectures

L'examen des étalages de librairies est révélateur de l'âme d'un peuple. « Dis-moi ce que tu lis, je te dirai ce que tu es. » Les éditeurs allemands publient quatre ou cinq fois plus d'ouvrages que leurs confrères français. Dans ces 33 000 productions annuelles, on ne compte qu'une minorité très faible d'ouvrages d'ima-

gination. Nous n'y trouverions point de romans à
succès atteignant 150000 exemplaires, mais des
ouvrages d'éducation, d'hygiène, d'histoire, de socio-
logie, de politique, de vulgarisation, des manuels professionnels, sans parler de l'énorme appoint des livres
de science et d'érudition. Voilà ce qu'absorbe le
public allemand. D'ailleurs, lorsqu'un auteur chez
eux entreprend de faire de la littérature pure ou des
vers, il est d'ordinaire déclamatoire. Parmi les ouvrages
étrangers, c'étaient autrefois les Français, ce sont
aujourd'hui les Anglais qui dominent.   .

La guerre a naturellement provoqué une orgie de
livres, brochures, illustrations, mémoires et plai-
doyers militaires ou diplomatiques. Cette catégorie
rentre au premier chef dans le domaine très étendu
de la propagande. Elle s'adresse à l'univers entier et
dans toutes les langues, développant les arguments
les plus subtils et les plus insidieux pour démontrer
que le bon droit fut toujours du côté allemand. La
ténacité de cet effort, sans contrepoids dans le camp
adverse, est malheureusement couronnée de succès.

Les Étrangers

Ce qui le favorise, c'est que l'Allemagne est à cette
heure le pays du monde le plus visité par les Étrangers. Les hôtels en regorgent, aussi bien dans les villes
que dans les lieux de villégiature. Comme les cités
sont belles, les stations estivales bien aménagées et
commodément desservies, qu'ils voient de toute part
des créations colossales et une active vitalité qui les
distrait, qu'on leur organise des excursions confor-

tables, qu'on leur sert des représentations théâtrales intéressantes et des concerts supérieurs à tout ce qu'on peut entendre ailleurs, ils se laissent gagner par une partialité bienveillante à l'égard de leurs hôtes.

Et je voudrais encore exprimer une autre crainte. Quand je vois des visiteurs d'origines si diverses se précipiter à travers l'Allemagne et vivre, pendant des semaines et des mois, au milieu de cette lourde architecture, de ces élucubrations bizarres, de ces décorations criardes et de ces colifichets de pacotille qui caractérisent l'esthétique (?) allemande, je tremble qu'ils ne s'y accoutument et n'en rapportent chez eux le souvenir et le goût. Il serait lamentable de voir se propager dans le monde la *Kultur* plastique teutonne. Jusqu'ici la plupart des peuples s'en sont préservés, notamment tous les Anglo-Saxons, mais on ne peut jamais savoir ce qu'une propagande tenace et la suggestion par les yeux sont capables de produire, tant il y a d'hommes dont le goût n'est pas fixé et qui se laissent prendre à l'extérieur des choses qui frappent leurs regards.

Sans faire étalage d'un chauvinisme exagéré, on peut bien dire que le goût affiné, sûr de lui-même, était, au moins, jusqu'à ces dernières années, un apanage français. Notre vitalité artistique s'est un peu endormie, convenons-en, mais elle subsiste ; aussi personne n'est plus intéressé que nous à n'être pas supplantés dans le monde par un simili-art qui serait à l'art français ce qu'une verroterie pour nègres est à une pierre précieuse.

Une dernière remarque pour finir. A dénombrer la

quantité de gens qui, en voyage, ne voient rien que ce
qui leur crève les yeux, on se demande s'il ne serait
pas fort utile de créer des *écoles de voyageurs*; les Allemands d'ailleurs l'ont fait comme annexes de leurs
cours d'enseignement commercial. Elles permettraient,
en donnant des principes sur l'art, de regarder autour
de soi en voyage, d'accroître le bagage des connaissances pratiques trop souvent extra-léger des représentants commerciaux, des étudiants, des touristes,
voire même des consuls en terre étrangère. Si cette
idée paraît bien osée aux gouvernements, peut-être
saurait-elle séduire les touring-clubs, les Syndicats
d'initiative et les Chambres de commerce.

CHAPITRE II

A travers le bassin de la Ruhr

Les voyageurs qui, pour se rendre de Dusseldorf à Berlin ou à Hambourg, franchissent en train express les 5o kilomètres du territoire industriel de la Ruhr, ne se font qu'une idée confuse de cette extraordinaire région.

Sans doute ils aperçoivent au passage de grandes villes toutes neuves, si rapprochées qu'on croirait qu'elles se confondent, et des rangées de cheminées fumeuses émergeant d'usines énormes et bruyantes où tout semble embrasé, des chevalements de puits coiffés de leurs poulies aériennes en perpétuelle activité ; ils croisent en vitesse des lignes ferrées sans nombre qui bifurquent, s'enchevêtrent ou se superposent pour aller se perdre dans des gares de triage interminables ; ils traversent des rivières et des canaux, suivent des faisceaux de câbles électriques portés par des pylônes, rencontrent à chaque minute des trains chargés de houille, de coke ou de ferraille ; mais tout cela frappe leurs yeux comme une vision cyclopéenne, sans qu'ils puissent rien démêler de précis dans cette infernale complication industrielle. L'imagination est empoignée, mais la mémoire ne peut rien retenir.

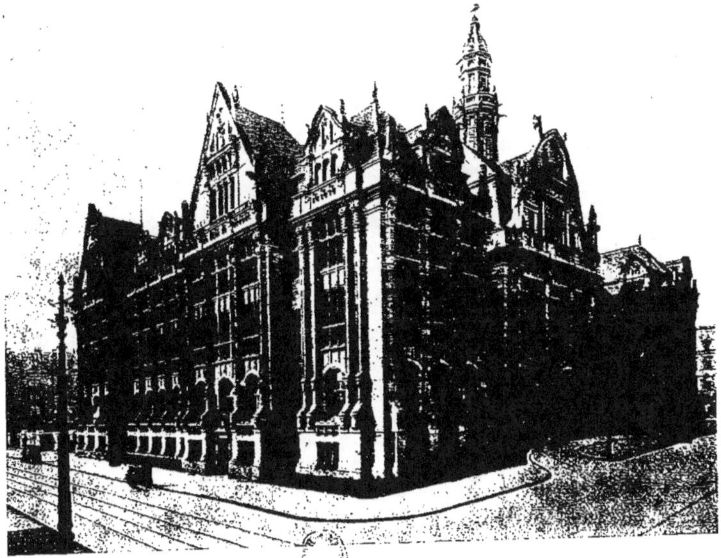

DUSSELDORF. — Le syndicat de l'acier.

Pour se rendre compte de ce qu'est le bassin rhénan-
westphalien, il faut suivre les routes en voiture, en
auto ou tout simplement en tram électrique; le pays
en est sillonné et chaque agglomération est reliée à
la suivante par des tramways interurbains; mais il
est nécessaire de consacrer à cette visite au moins
trois ou quatre jours; c'est un spectacle unique qui
pour personne ne sera du temps de perdu.

Je vais décrire l'itinéraire le plus intéressant en
faisant stopper le lecteur dans les principales villes
que l'on y rencontre.

De Cologne à Dusseldorf

Le visiteur est parti de Cologne par la route de
Dusseldorf qui passe, côte à côte avec une quadruple
voie ferrée, de la rive gauche à la rive droite du Rhin
sur le pont monumental de Cologne à Deutz. Tournant à gauche, la route qui descend le Rhin longe la
grande fabrique de moteurs de *Deutz*, la plus importante de l'Allemagne.

Quelques kilomètres plus loin, voici *Mulheim-sur-
Rhin* (qu'il ne faut pas confondre avec Mulheim-sur-
Ruhr) et la puissante fabrique de câbles et de clous
de *Felten et Guilleaume* (voir *les Derniers progrès de
l'Allemagne*). Mais dans ce parcours les usines ne sont
encore qu'à l'état sporadique; et jusqu'à *Opladen*,
centre industriel assez important, on voit plus de
champs cultivés que de halls industriels; nous ne
sommes pas encore dans la fourmilière de la Ruhr.

Toutefois, un établissement gigantesque se montre
sur la gauche le long du Rhin; une colonie ouvrière

riante et toute neuve le prolonge et l'entoure; c'est la célèbre fabrique de matières colorantes et de produits pharmaceutiques de *F. Bayer* qui couvre 230 hectares (voir *l'Allemagne au travail*).

Cependant en approchant de Dusseldorf les grandes cheminées apparaissent plus nombreuses. Voici Benrath et la *Benrather Maschinen Fabrik*, société fusionnée maintenant avec la *Demag* de Duisbourg; ce groupement constitue la plus vaste entreprise de l'Europe pour la construction des appareils de levage et de manutention. Benrath est le pourvoyeur des chantiers maritimes anglais.

Et déjà nous sommes dans les faubourgs de Dusseldorf, l'opulente capitale de la province prussienne du Rhin.

Dusseldorf

Cette ville d'un demi-million d'habitants est superbe, admirablement tracée, ornée de larges avenues; partout des parcs, entrecoupés d'eaux courantes qui alimentent de petits lacs, bordés de parterres fleuris au travers desquels se dressent d'élégantes statues d marbre ou de métal.

On sait que Dusseldorf partage avec Munich la prétention d'être le centre artistique de l'Allemagne. Son école des Beaux-Arts est bien connue; le peintre le plus célèbre de l'école de Dusseldorf est *Cornelius* dont on montre la maison natale (1783) et à qui on a élevé un monument dans le plus beau quartier de la ville. Plusieurs personnages illustres sont nés à Dusseldorf ou l'ont habitée : *Henri Heine, Wilhelm Camphausen*, le poète romantique *Grabbe* qui fut

officier dans les armées de Napoléon dont il a chanté
la gloire, les frères *Jacobi* ; enfin l'immortel compo-
siteur *Robert Schumann*. A toutes leurs illustrations
les Allemands rendent partout de religieux hommages;
des plaques de marbre sont scellées sur leurs demeures
et l'on est toujours sûr de rencontrer leur statue sur
quelque place publique. L'Allemagne soigne ses gloires
autant pour elle-même que pour sa propagande au
dehors.

Il ne faut toutefois pas chercher à Dusseldorf,
comme à Cologne ou à Mayence, des monuments
anciens ni d'imposantes basiliques ; elle n'était au
moyen âge qu'une modeste bourgade de pêcheurs. Au
seizième siècle elle commençait à prendre de l'essor,
lorsque la guerre de Trente ans l'interrompit. Le dix-
huitième siècle la vit grandir et, lorsqu'il en eut fait la
capitale du grand-duché de Berg, Napoléon s'attacha
à l'embellir; c'est pourquoi son nom y est resté si
populaire.

Les traités de 1815 la donnèrent à la Prusse. Depuis
lors la houille et le fer l'ont enrichie et elle est
devenue la résidence préférée des grands magnats de
l'industrie lourde.

Ils y possèdent des hôtels somptueux avec de
magnifiques parcs et se sont offert pour leurs réunions
un palais colossal, le *Stahlverband* (le syndicat de
l'acier).

Je me souviens qu'un consul général de France me
disait un jour, avant la guerre : « J'arrive depuis peu
de Smyrne où, comme consul de France, j'étais un petit
roi. Ici je ne suis rien; je ne peux m'offrir aucune
belle relation, parce que si l'on me fait des poli-

tesses, il me faut les rendre. Or, les grands industriels donnent des dîners, dont un seul coûte la valeur de mon traitement d'une année. Songez que ce traitement n'est guère plus élevé que du temps de Louis-Philippe où Dusseldorf était une ville médiocre de 35 000 habitants ! »

Un rare souci de l'urbanisme a présidé à son accroissement, à sa répartition en quartiers spécialisés et à sa décoration. Le noyau central, qui constitue la vieille ville, n'est qu'une infime partie de la cité moderne. Tout autour ce ne sont que vastes rues aux riches magasins ou larges artères bordées de villas ; en la parcourant, on ne se douterait guère que l'on est ici dans une agglomération si peuplée d'usines : c'est que tous les établissements industriels, comme aussi les colonies ouvrières sont relégués dans des quartiers bien déterminés.

A l'est de Dusseldorf, s'étend une forêt municipale, plutôt parc que forêt, très vallonnée, qui forme un but de promenade attrayante. Dans les parties élevées on a ménagé fort habilement des clairières qui orientent la vue ici sur la ville et ses monuments et d'un autre côté sur les immenses usines dont elle est fière.

Nous ne sommes d'ailleurs pas encore ici dans la région aux fumées épaisses. Il n'y a autour de Dusseldorf ni puits de houille, ni hauts fourneaux, mais seulement des ateliers de grosse mécanique de premier ordre dont le bassin de la Ruhr, plus au nord, est le pourvoyeur de métal brut. *Haniel et Lueg*, les grands forgerons de grosses pièces d'acier pour la marine, *Erhart*, le fabricant de canons et de munitions, *Mannesmann* et ses ateliers de fabrication de tubes de toutes grandeurs, sont les principaux, et tous reçoivent leur énergie de centrales électriques lointaines.

Le Rhin à Dusseldorf décrit une courbe très prononcée; un imposant pont métallique le franchit et fait communiquer la ville avec le faubourg important de *Obercassel* sur la rive gauche.

Si je parlais en outre des musées artistiques et historiques, des jardins zoologique et botanique, des bibliothèques, des nombreuses églises modernes dont les hauts clochers barrent l'horizon, des édifices publics dignes d'une grande capitale, j'aurais démontré que Dusseldorf est une ville aussi intéressante pour le touriste promeneur et ami des arts que pour l'ingénieur avide d'augmenter la somme de ses connaissances techniques.

De Dusseldorf à Duisbourg

C'est en quittant Dusseldorf pour se diriger, droit au nord, vers Duisbourg-Ruhrort, que l'on pénètre vraiment dans le territoire houiller et métallurgique de la Ruhr dont on parlait si peu en France avant la guerre et dont on a tant parlé depuis. On peut s'y rendre par deux lignes de chemin de fer, par les somptueux bateaux du Rhin ou par la route que sillonnent tramways et automobiles. Il est difficile de dire laquelle de ces deux dernières voies est la plus intéressante : par le Rhin le spectacle est plus pittoresque, mais la route vous fait mieux connaître le pays; et ce n'est point un parcours banal qu'une randonnée dans cette région de 3 500 kilomètres carrés, peuplée de 3 millions et demi d'habitants, soit environ 1 000 par kilomètre carré, par-

semée d'une douzaine de villes industrielles de plus de
100 000 âmes, de six cents puits de mine, d'une centaine d'usines plus vastes qu'aucune usine française
et pourvue d'un réseau de chemins de fer si serré qu'il
est matériellement impossible de s'y reconnaître.

Toutefois, le long des premiers kilomètres on ne
rencontre encore ni puits, ni établissements métallurgiques. Le bassin houiller, très bien délimité au sud,
ne commence qu'à 3 ou 4 lieues plus loin que Dussel·
dorf. Par contre, les limites septentrionales de ce formidable gisement ne sont pas encore connues. Les
couches, en s'avançant vers le nord, s'enfoncent de plus
en plus profondément sous terre, en sorte que les puits
sont de plus en plus coûteux. Ce qui n'empêche qu'on
fait sur de nombreux points de nouveaux sondages et
qu'aussitôt qu'on a rencontré la houille, à 1 000 mètres
et même au delà, on se hâte de forer des puits.

De là un perpétuel accroissement de population; les
habitants du bassin rhénan-westphalien n'étaient que
2 millions et demi en 1906. Il faut sans relâche construire des habitations pour les immigrants. A lui tout
seul Thyssen en édifie 1 000 en ce moment. Je ne crois
pas qu'il y ait un coin de terre dans le monde où l'on
ait bâti et où l'on bâtisse autant, même à l'heure où
j'écris.

Passé les faubourgs de Dusseldorf, la première partie de la route est en pleine campagne; les terres sont
aussi morcelées qu'en France; la plupart appartiennent
à des ménages d'ouvriers ou d'employés dont le moyen
de transport du logis à l'atelier est la bicyclette. Mais
les maisons ici ne sont point groupées, comme plus
loin, en cités ouvrières: existences de paysans plus que

de prolétaires qu'on regrette de ne pas pouvoir implanter partout.

Tandis que nous échangeons ces réflexions, notre auto croise une robuste paysanne qui guide d'une main sa bicyclette et tient de l'autre le bout d'une longue corde à laquelle sont attachés deux forts chevaux, et tout cela court à belle allure vers l'abreuvoir. Voilà un sujet de film tout à fait suggestif et qui n'a pas encore, je crois, été tourné.

Au tiers de la distance entre Dusseldorf et Duisbourg, c'est-à-dire à une dizaine de kilomètres, on longe la petite ville de *Kaiserwerth* dont l'aspect indique que, contrairement à celles que nous traverserons, elle n'est pas née d'hier. Elle fut, en effet, fondée par l'empereur Frédéric Barberousse (1180) qui y construisit un château-fort, puis une basilique et un cloître; les ruines en sont intéressantes, entourées de fossés profonds que l'on a conservés en les garnissant de vertes pelouses et d'arbres de haute futaie.

Un peu plus loin, on aperçoit sur chaque rive du Rhin deux pylônes d'une belle hauteur que relie un câble tendu en travers du fleuve.

Les Étrangers, même quand ils sont ministres, croient volontiers y reconnaître des antennes de télégraphie sans fil. On peut s'y tromper. En réalité, ce sont les supports de la ligne aérienne qui transporte à Cologne l'énergie électrique de la grande Centrale d'Essen.

Bientôt les habitations se suivent plus rapprochées; de maisons de paysans elles deviennent villas, et la route prend les allures d'une avenue; les hautes cheminées de toutes parts découpent l'horizon; nous entrons dans Duisbourg.

Duisbourg-Ruhrort

Duisbourg, à l'embouchure et sur la rive gauche de la Ruhr, et Ruhrort, sur la rive droite, étaient naguère encore deux villes distinctes; elles n'en forment aujourd'hui plus qu'une seule, embrassant les interminables bassins du plus grand port du monde : bassins de manutentions et bassins d'industrie[1], bassins publics et bassins appartenant à des entreprises privées, tous pourvus d'un outillage gigantesque et perfectionné et soumis à des règlements compliqués et rigoureux, afin d'éviter le désordre et l'encombrement qu'auraient produits les 100 000 bateaux qui, dans les dernières années avant la guerre, venaient là s'y charger ou s'y décharger.

Ruhrort clef de toute la Ruhr

Qui possède le Rhin et l'embouchure de la Ruhr est maître de la Westphalie; il en peut à son gré ouvrir ou fermer la porte. Les 100 000 bateaux de Ruhrort en sont la preuve matérielle. Comment cette région pourrait-elle trafiquer sans l'exutoire de la batellerie? 100 000 chalands représentent environ 15 000 000 de wagons par an, soit 50 000 par jour, autrement dit 1 000 trains par vingt-quatre heures. Combien faudrait-il de lignes pour évacuer ou recevoir un tel tonnage! Les calculs que l'on peut faire à ce sujet conduisent à des résultats singuliers; c'est ainsi qu'en estimant à 10 mètres la longueur d'un wagon, un train imaginaire qui serait composé de 50000 wagons aurait

---

1. Voir *les Derniers Progrès de l'Allemagne,* p. 87 et suiv.

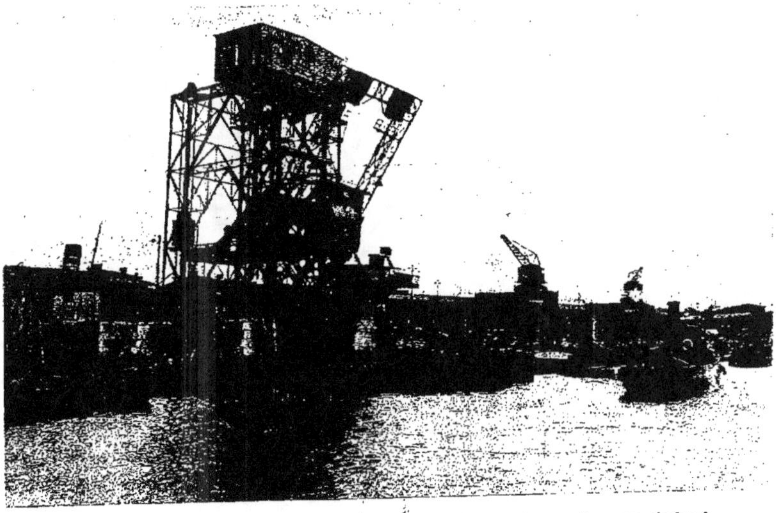

RUHRORT. — Le contenu d'un wagon est culbuté d'un seul coup dans un chaland.

5oo kilomètres de longueur, et, en lui supposant une vitesse commerciale de 20 kilomètres à l'heure, et pas d'arrêts, il n'arriverait pas en vingt-quatre heures à tenir tête au tonnage à transporter, même en ne comptant pas les trains de voyageurs.

Sans doute nombreuses sont les lignes qui, de la Ruhr, se dispersent dans le nord et l'est de l'hinterland, mais il ne faut pas oublier que toutes ces voies sont déjà surchargées.

Aussi y a-t-il beau temps que les Allemands ont reconnu qu'il est matériellement impossible d'exploiter la Ruhr avec les chemins de fer seuls. Ce n'est que parce que la nature a placé ce gisement à cheval sur le Rhin qu'il a pu acquérir l'importance phénoménale que nous lui voyons.

D'autres motifs encore affirment la possibilité de contrôler par l'estuaire de la Ruhr une grande partie de l'industrie de ce territoire. En voici un spécimen.

On croit généralement que la grande usine d'Essen, à 3o kilomètres à l'est de Duisbourg, avec ses 5oo hectares de superficie, est un puissant producteur de fonte de fer. Or, on trouve de tout à Essen, excepté une fonderie. Par contre, en face de Duisbourg, sur la rive gauche du Rhin, à *Rheinhausen*, s'aligne une batterie de 11 hauts fourneaux de 5oo tonnes chacun, qui peuvent cracher 1 5oo ooo tonnes de fonte à laquelle on fait traverser le Rhin pour la transporter à Essen où elle est transformés en aciers demi-fins, en machines agricoles, en locomotives, et naguère en canons de tous calibres. Une simple escouade de douaniers postés sur le fleuve pourrait arrêter d'emblée toutes les fabrications d'Essen.

Plusieurs autres grandes firmes métallurgiques sont
dans une situation analogue qui n'a d'ailleurs pas
échappé à la clairvoyance de nos contrôleurs économiques de Dusseldorf[1].

Les ports

Si l'agglomération *Duisbourg-Ruhrort-Mederich* est
aujourd'hui énorme, son histoire est courte. Il y
avait bien autrefois là, sur les bords des deux cours
d'eau, trois pauvres petits bourgs derrière lesquels
s'étendait une épaisse forêt de chênes, mais ce n'est
qu'après la découverte de la houille le long de la Ruhr,
c'est-à-dire au dix-huitième siècle, qu'ils se transfor-
mèrent en villes. Sous le premier Empire elle fit partie
du grand-duché de Berg qui était l'apanage de Murat,
et les traités de 1815 la donnèrent à la Prusse.

Son accroissement a été, depuis, parallèle à celui
des exploitations houillères et métallurgiques, si bien
qu'elle compte aujourd'hui plus de 300 000 habitants
et, avec ses ports, ses usines et ses entrepôts, couvre
7 000 hectares, superficie sensiblement plus étendue
que celle de Paris. Il faut compter dans son enceinte
les restes de la grande forêt de chênes devenue municipale et qui forme à l'est de la ville une promenade
de toute beauté pour les habitants.

Au travers de cette ville presque neuve et dont certains quartiers ne manquent pas d'opulence, on a
laissé subsister, dans la Oberstrasse, une humble petite
maison du seizième siècle; c'est là qu'habita pendant
cinquante ans et que mourut en 1592 le célèbre géo-

1. Le général Denvigne et l'ingénieur E. C. P. Barlerin.

graphe flamand *Mercator*, dont la méthode de projection cartographique est encore appliquée dans les atlas de nos jours. Singulière destinée que celle de ce savant qui passa un demi siècle à mesurer avec ses compas les continents connus à son époque, sans se douter qu'il foulait sous ses pieds un coin de terre si fécond en ressources !

Décrire les installations du port, les hauts fourneaux, les fours à coke, les aciéries, les ateliers de construction qui ont élu domicile à Duisbourg-Ruhrort et l'enchevêtrement de toutes ces sociétés, je l'ai tenté dans *les Derniers Progrès de l'Allemagne*. Rien d'ailleurs n'y est aujourd'hui changé, sinon que la plupart de ces établissements ont grandi depuis 1914, que de nouvelles cheminées ont surgi et que la puissance de l'outillage industriel s'est accrue.

J'ai eu l'occasion de revoir une fois de plus cette année le port de Ruhrort, en vedette à moteur, sous la conduite du général Denvigne, qui depuis deux ans qu'il réside à Dusseldorf a fait découvrir la Ruhr à tant de Français, officiels ou touristes !

A qui la connaissait déjà, quelques remarques s'imposent : les cheminées fument autant et même plus nombreuses qu'avant la guerre, mais le mouvement du port a diminué d'intensité ; la raison en est logique. La production de la houille, malgré l'augmentation du nombre des mineurs, a fléchi de 24 p. 100, tant à cause de la loi de huit heures que de la moindre capacité de travail et de la bonne volonté très atténuée du personnel ouvrier ; d'autre part, les grandes firmes métallurgiques ayant maintenu leurs moyens de production consomment sur place autant de houille ou de coke que par le passé. Conséquemment il en reste moins à exporter et le trafic du port s'en ressent.

Une autre constatation très apparente est le boycottage systématique des minettes de Lorraine qui naguère formaient la base de la fabrication des fontes et des aciers Thomas dans la Westphalie. Au pied des grands hauts fournaux on voit aujourd'hui de véritables montagnes de minerais scandinaves, espagnols, siegerlandais [1] et, depuis peu, d'hématites de *vabana* à Terre-Neuve, gisement à peine effleuré avant la guerre et où les Allemands créent en ce moment une exploitation intensive. Ces diverses provenances sont très reconnaissables à l'œil, tant par la structure que par la couleur; auprès d'eux, on voit généralement un très modeste tas jaunâtre, c'est ce qui reste du minerai lorrain ou luxembourgeois.

Les métallurgistes rhénans sont-ils suffisamment approvisionnés à l'aide de ces importations nouvelles ? On se rend compte que non, quand on observe les énormes quantités de ferrailles et de vieilles fontes qui gisent devant les halls des aciéries. Ils se procurent au dehors, pour les traiter au four Martin, tout ce qu'ils trouvent à bon compte de déchets métalliques. C'est ainsi qu'ils ont acheté partout des quantités de coques de bateaux à démolir dont on aperçoit ici les débris. Ce qui ne les empêche pas de proclamer qu'ils sont complètement organisés pour se passer désormais des minettes du bassin de Briey !

---

1. Minerais de fer de la vallée de la Sieg, affluent de droite du Rhin, qui passe à Wetzlar où mourut Hoche.

Hamborn fief de Thyssen

Avant de quitter la rive du Rhin pour s'engager dans le cœur de la Westphalie, soit en remontant la Ruhr, soit en suivant le fameux canal à grande section du Rhin à Herne qui se prolonge maintenant jusqu'à Hanovre, poursuivons encore vers le nord; affaire de quelques minutes en auto ou en tramway électrique.

On longe d'abord les immenses fonderies et forges du *Phénix*, qui sont parmi les plus importantes de l'Allemagne, puis les *Rheinische Stahlwerke* et l'on parvient sans transition à Hamborn, ville de 140000 habitants, qui est le fief industriel de Thyssen. Rien n'est plus grandiose que l'ensemble des incomparables établissements de *Bruckhausen* et de *Deutscher Kaiser*, vus du sommet du pont par lequel la route traverse le faisceau de voies ferrées qui y pénètrent. Ils sont disposés, suivant un plan scientifiquement étudié, à la fois sur ces voies et sur le port intérieur *d'Alsum*, long de 3 kilomètres, creusé par Thyssen et qui les relie directement au Rhin. De là on contemple tout ensemble les puits, les halls et les hauts fournaux, les convertisseurs et les laminoirs qui datent de 1912, ceux qui ont été édifiés depuis, et ceux que l'on construit encore pour remplacer l'usine d'Hagondange en Lorraine, terminée en 1917 et que le traité de Versailles a fait passer en des mains françaises. A côté de ces gigantesques installations, on voit également achevées ou en construction 1 000 maisons ouvrières, destinées à loger les nouveaux travailleurs qui viennent s'ajouter aux 20 000 que le grand vieillard occupait déjà.

Avant d'arriver à ce point, les visiteurs ont déjà passé par bien des étonnements, mais quand ils jettent de là un coup d'œil circulaire sur cet amoncellement de travail humain, ils se demandent s'ils ne sont pas le jouet d'un rêve extravagant.

Tout se trouve là réuni. Charbonnages, cokeries, fonderies, aciéries, laminoirs, constructions métalliques, et pour manutentionner aussi bien les matières premières qui entrent que les 1 400 000 tonnes de produits qui sortent, Thyssen possède en propre un port muni des engins les plus puissants et la voie de fer avec une gare privée, plus grande, dit-on, que la gare des marchandises de Dusseldorf.

Ainsi que je l'ai dit [1], la grande audace de Thyssen a été d'étendre ses prospections et ses exploitations toujours plus au nord, tandis que ses concurrents se tassaient et s'encombraient dans le centre du bassin houiller.

Les concessions se prolongent jusqu'à *Dinslaken* et c'est toujours plus loin qu'à cette heure-ci, malgré ses quatre-vingts ans, il continue ses sondages dans les couches profondes et perce de nouveaux puits.

Même à côté de Thyssen, la grande société de la *Gutehoffnungshutte* fait bonne contenance ; elle a son siège et ses usines à quelques kilomètres à l'est, à *Oberhausen*, autre grande ville de plus de 100.000 habitants dont les faubourgs se confondent avec ceux d'Hamborn. Cette firme, qui est plus ou moins l'apa-

---

1. *Derniers progrès de l'Allemagne*, p. 159 et suiv.

nage de la puissante famille Haniel de Dusseldorf, a fondé pendant la guerre, pour les chalands et les remorqueurs du Rhin, des chantiers de construction actuellement les plus vastes et les mieux outillés de l'Europe. Ce chantier s'étend le long d'un port spécial qui débouche dans le Rhin, relié aux forges de la Gutehoffnungshutte par un canal secondaire qui traverse les concessions de Thyssen. Il faut avoir un guide sérieux pour s'y reconnaître dans cet enchevêtrement. Oberhausen est à la limite de l'occupation alliée. Pourvu qu'on ne se trompe pas de route, la visite terminée, on revient très vite à Duisbourg. D'ailleurs, Oberhausen est beaucoup plus près de Mulheim que de l'embouchure de la Ruhr.

Mulheim-sur-Ruhr

Du centre de Duisbourg à Mulheim, par le tramway, on compte environ 7 kilomètres. La direction est marquée, quand l'atmosphère est limpide, ce qui est rare, par les cheminées de la plus ancienne des usines de Thyssen, *l'usine de Mulheim*, qu'il n'a jamais abandonnée et dont le matériel a été changé plusieurs fois. Thyssen possède en outre, entre Mulheim et Hamborn, les vieilles forges de *Styrum*.

Mulheim-sur-Rhur n'a rien de grandiose ; sa population, qui approche des 100 000 âmes, est presque complètement ouvrière. Il est piquant de voir une allure si modeste à une ville qui est la résidence des deux plus célèbres chefs d'entreprises de l'Allemagne moderne : Auguste Thyssen et Hugo Stinnes. La Ruhr canalisée n'y a pas un aspect plus imposant ; les puits de mine y apparaissent peu nombreux, car nous sommes ici à la limite méridionale du bassin houiller. Une autre grande aciérie à Mulheim appartient à la *Deutsche Luxemburgische A. G.* qui est sous le contrôle de Hugo Stinnes.

De Mulheim à Essen

On a quitté un tram qui venait de Duisbourg, on en trouve immédiatement un autre qui vous conduit dans le centre infernal du charbon et de l'acier, à Essen.

La route est intéressante, d'abord parce que, sur son parcours d'une douzaine de kilomètres, elle permet de contempler trois énormes puits d'extraction de houille.

Les aménagements des puits de la Ruhr ont des proportions inconnues chez nous ; leur largeur est de 5 à 6 mètres, fréquemment le chevalement, surmonté de ses deux immenses poulies à gorge qui entraînent les câbles, s'élève à plus de 50 mètres au-dessus du sol. Mais qu'il me suffise de rappeler la description du puits *Frédéric-Henri* (1913), appartenant à une société française qui, je crois, en a repris possession, dont j'ai donné la description dans *les Derniers Progrès de l'Allemagne*.

Puis la route croise plusieurs lignes de chemins de fer, tantôt en dessus, tantôt en dessous, mais jamais de niveau.

Quoique très habitée, la région n'est pas complètement dépourvue de cultures. Enfin, bien avant d'arriver en vue d'Essen, elle s'engage au travers des colonies ouvrières fondées et installées par la maison Krupp. Ces constructions, les plus récentes surtout, sont d'attrayants petits cottages entourés de jardins verdoyants.

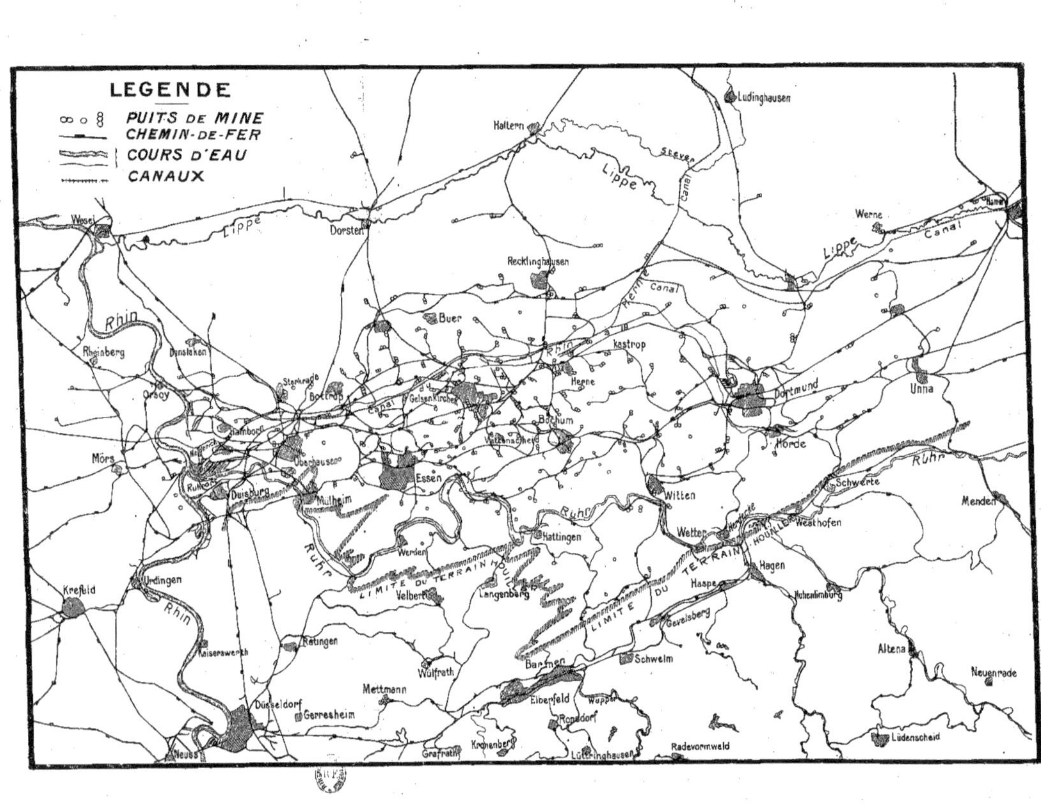

LEGENDE
PUITS DE MINE
CHEMIN-DE-FER
COURS D'EAU
CANAUX
Ludinghausen
Haltern
Steven
Lippe
Werne
Wesel
Lippe
Dorsten
Hamm
Lippe Canal
Recklinghausen
Rhin
Herne Canal
Rheinberg
Dinslaken
Buer
kastrop
Orsoy
Sterkrade
Bottrop
Herne
Dortmund
Unna
Canal
Gelsenkirchen
Hamborn
Oberhausen
Bochum
Horde
Mörs
Ruhrort
Essen
Volmarstein
Ruhr
Deisburg
Mulheim
Witten
Schwerte
Ruhr
Wetter
Menden
Krefeld
Urdingen
Werden
Hattingen
Haspe
Westhofen
Ruhr
LIMITE DU TERRAIN HOUILLE
Hagen
LIMITE DU TERRAIN HOUILLE
Ratingen
Velbert
Langenberg
Gevelsberg
Hohenlimburg
Kaiserswerth
Schwelm
Wülfrath
Barmen
Altena
Mettmann
Eiberfeld
Neuenrade
Düsseldorf
Gerresheim
Ronsdorf
Wupper
Kronenberg
Lüdenscheid
Neuss
Grafrath
Lütringhausen
Radevormweld

C'est varié, c'est gai et c'est propre ; elles s'étendent ainsi par milliers en tous sens. Un grand nombre sont toutes neuves, car la population d'Essen s'est prodigieusement accrue depuis ces dernières années.

Mais ceci me rappelle une anecdote plus récente encore. Il y a quelques mois se présentait à un de nos bureaux, à Dusseldorf, un fonctionnaire français de haut parage, désireux de se procurer un renseignement. Le personnage, qui arrivait de Paris, était embarrassé et mécontent parce qu'on l'envoyait pour quelques jours en mission à Essen ; s'adressant au chef de service :

— « Pourriez vous me dire, lui demanda-t-il, si dans ce *trou* je trouverai une *auberge* où l'on puisse avoir quelque confort ? »

Stupéfaction de l'interlocuteur :

— « Vous me demandez si on trouve des auberges confortables à Essen ! Mais vous n'aurez que l'embarras du choix entre dix hôtels, aussi luxueux qu'à Paris, de véritables palaces. »

Stupéfaction plus grande encore du fonctionnaire qui pensa qu'on le mystifiait.

— « Mais comment ne savez-vous pas, continua le chef, que le dernier recensement d'Essen accuse 480 000 habitants, dont bon nombre sont des millionnaires qui vivent dans le grand luxe. Non seulement vous trouverez de bons hôtels, mais des théâtres remarquables, de beaux restaurants, des musées et des écoles techniques, des voitures et des taxis du dernier modèle, et des services de tramways d'une tenue à laquelle vous n'êtes certainement pas accoutumé ! »

Le haut fonctionnaire n'avait pas encore découvert

la Ruhr... Qui oserait affirmer qu'il fût bien à la page
pour y remplir sa mission? Quoi qu'il en soit, ce flagrant
délit d'ignorance était trop savoureux pour ne pas être
rapporté.

Essen

Le dimanche où j'y arrivai, il y avait des banderolles
et des drapeaux partout, à l'occasion d'un concours
de gymnastique. Aucune fête allemande ne serait complète sans un défilé solennel à travers la ville. Je le
contemple de l'un des cafés spacieux qui avoisinent la
gare centrale. En Allemagne, les cafés sont peu nombreux, mais de grandes dimensions. Il leur est interdit
de déborder sur le trottoir, mais ils occupent plusieurs
étages, où les salles, garnies de « bow-window », ont
une large vue sur l'extérieur.

Le défilé se composait de délégations d'une multitude de cités, chacune, musique en tête, avec ban-
nières, oriflammes à lettres d'or et armes en broderies,
que suivaient hommes, femmes et enfants de chaque
ville, dans un ordre rigoureux et pontifical. Beaucoup
de ces figurants portaient des chapeaux hauts de
forme et de longues redingotes, d'autres, au contraire,
des costumes locaux qui ne manquent pas de pittoresque. Les fanfares étaient accompagnées de chants
patriotiques en abondance. C'était une véritable manifestation qui se déroula ainsi pendant plusieurs heures.
Tout ce monde respirait la force, les voix et les visages
exprimant plus de haine que de bonté. Le champ où
se disputent les palmes athlétiques est à une lieue du
centre de la ville, il est immense, et tous les genres de
sport y sont pratiqués simultanément. Les femmes

athlètes sont aussi nombreuses que les hommes. En Allemagne, tout le monde tient à honneur d'être vigoureux et résistant. Il n'est pas rare de voir des mouvements d'ensemble exécutés par 20 000 jeunes filles qui couvrent un espace de 80 000 mètres carrés.

Essen est relativement plus ancienne que les autres villes industrielles de la Ruhr. Elle était connue déjà à l'époque carlovingienne sous le nom de Astnide. Au onzième siècle, on y construisit une église et un monastère que l'on dit avoir été richement décorés ; le tout fut incendié en 1370. Malgré le château et les tours qui la protégeaient, Essen ne fut, pendant tout le moyen âge, qu'une petite bourgade de quelques centaines de chaumières. A partir du seizième siècle, sous la domination d'un prince-abbé, elle se développa peu à peu, jusqu'au jour où les armées de la Révolution française mirent fin à ce régime. La paix de Lunéville en 1803 la donna à la Prusse, elle comptait alors 3 500 habitants. Ses tours et ses murailles subsistèrent jusqu'en 1820. Mais rien ne faisait encore prévoir la prospérité future, puisque la population ne comptait encore que 7 000 têtes en 1840.

Elle ne prit réellement de l'importance que pendant la seconde moitié du dix-neuvième siècle, tant grâce à la création des chemins de fer qu'au développement des industries houillères et métallurgiques.

Comme toujours en ce monde, ce fut l'œuvre d'un homme qui détermina son essor.

Krupp

Au début du dix-neuvième siècle, vivait à Essen un petit négociant en denrées alimentaires, du nom de Frédéric Krupp. Entre temps Krupp s'intéressait à la technique, et étant allé voir en Angleterre comment on fabriquait l'acier, il se hasarda à construire en 1812 un petit atelier pour faire de *l'acier anglais*; il avait choisi un emplacement où une modeste chute d'eau lui fournissait de la force pour actionner ses marteaux Telle fut l'origine du plus formidable établissement métallurgique que le monde ait encore vu.

De même que cet établissement est toujours resté dans la possession de la famille Krupp, de même elle a religieusement conservé, au milieu des halls et des appareils gigantesques d'aujourd'hui, la pauvre *hutte*[1] avec sa petite cheminée où l'ancêtre de 1812 fabriqua ses premiers lingots.

Le fils de Frédéric, Alfred Krupp (1812-1887), fut le créateur des établissements actuels. Il suivit et souvent provoqua tous les progrès de la métallurgie moderne, procédés Bessemer, Martin, Thomas, etc.

Nous ne connûmes que trop, en 1870, la puissance de l'artillerie dont il avait doté les armées prussiennes. Toutefois, les années qui suivirent cette fatale guerre furent pour la maison Krupp, comme pour toute l'industrie allemande, une époque critique. C'est alors que Bismarck, voyant avec dépit le relèvement rapide de la France, sous l'habile gouvernement de Thiers, voulut recommencer la lutte. Ce fut le tsar Alexandre II, ne l'oublions pas, qui l'en empêcha.

Lorsque l'Allemagne, vers 1885, reprit sa marche en avant, la firme Krupp continua plus que jamais à tenir la tête de la métallurgie.

---

1. *Hütte* en allemand signifie atelier de forge.

Mais Alfred Krupp mourut en 1887; il vit à peine la reprise des affaires. Son fils, Frédéric-Alfred (1854-1902) lui succéda. Il mourut à son tour à quarante-huit ans, sans avoir assisté, lui non plus, au prodigieux essor de son industrie. Il ne laissait qu'une fille, Bertha, qui épousa le Iunker von Bohlen et qui vit encore. On a élevé sur les places publiques d'Essen des monuments commémoratifs imposants à ces trois grands chefs.

Tout le monde sait que, pendant la guerre mondiale, les établissements Krupp furent les pourvoyeurs de la majeure partie des armes de tir de nos ennemis. C'est à Essen, notamment, que furent fabriquées les terribles *Berthas* qui bombardèrent Paris à 120 kilomètres de distance.

L'ensemble du personnel de toutes les usines Krupp, éparses en plusieurs sièges, s'est élevé, pendant la guerre, à 172000 travailleurs.

L'armistice de 1918 amena naturellement une diminution considérable; mais bientôt l'entreprise se ressaisit et le nombre des employés et ouvriers qui travaillent à Essen est à cette heure de plus de 51000, dépassant ainsi le chiffre d'avant-guerre. Il faut ajouter que la journée de huit heures et le moindre rendement de l'ouvrier depuis la guerre en sont une des causes.

Ne fabriquant plus ni canons ni mitrailleuses, le Conseil d'administration de Krupp a orienté ses efforts vers de tout autres productions : les machines agricoles, les locomotives, les moteurs d'aviation, les grosses pièces de forge et de tôle pour navires et maints autres éléments de constructions métallurgiques.

Ce n'était d'ailleurs qu'une demi-innovation pour les chefs de la maison, car elle possédait déjà à Magdebourg les immenses ateliers de matériel industriel *Grusonwerk*, occupant plus de 5 000 ouvriers. La Société Krupp exploite aussi les célèbres chantiers navals *Germania* à Kiel, où la marine de guerre construisait ses grosses unités; puis les forges d'*Ahnen* près Aix-la-Chappelle; enfin j'ai nommé déjà les onze hauts fournaux de *Rheinhausen*.

A la base de toutes ces exploitations se trouvent de nombreux puits de mines, tant à Essen, qu'à Rheinhausen, où l'on transforme sur place en coke, en gaz et en sous-produits quelques millions de tonnes de houille. Ce sont ces gaz qui actionnent la Centrale électrique d'Essen, la plus puissante des cinq grandes Centrales qui alimentent d'énergie et de lumière, non seulement la Westphalie, mais encore les régions circonvoisines. En résumé, les établissements Krupp occupent 100 000 personnes.

Quant à visiter ces établissements, avant la guerre il n'y fallait pas compter. La grande acierie d'Essen est enfermée entre des murailles continues, très élevées qui n'ont pas moins de 11 kilomètres de développement et dont l'aspect rébarbatif indique suffisamment qu'on ne doit pas savoir ce qui se passe derrière. Aujourd'hui encore, sauf les contrôleurs de l'Entente, je ne sache pas qu'on puisse enfreindre la consigne.

A la vérité, au risque d'imiter le Renard du bon La Fontaine, je dirai qu'à part le plaisir de pouvoir faire des développements littéraires, on ne pourrait pas rapporter de documents sérieux d'une visite hâtive dans cette immensité. Quand on parcourt à Détroit les ateliers de Ford, qui sont, certes, plus vastes que l'acierie d'Essen et que Ford laisse complaisamment visiter, on se rend parfaitement compte de la marche des opérations, parce qu'on y fabrique 4 ou 5 mille fois par jour la même voiture; mais chez Krupp les fabrications sont si nombreuses, si variées que l'on perdrait la tête à vouloir les analyser.

On doit se contenter de la vue des maisons ouvrières que la Société a fait construire dans toutes les orientations autour de l'usine qui occupe le centre de la cité.

Ces habitations sont au nombre d'une douzaine de mille. Depuis plusieurs années elle n'en construit plus, laissant ce soin à des coopératives plus ou moins subventionnées par elle.

Ces colonies sont en réalité de véritables villes, aérées, bien tenues et pourvues de tous les avantages qu'on rencontre dans les centres les mieux aménagés : elles ont leurs fournisseurs de toutes choses nécessaires à la vie, représentés par des coopératives de consommation, leurs écoles primaires et techniques, leurs églises, leurs hôpitaux, leurs lazarets pour épidémies. leurs services publics, leurs établissements de bains, leurs maisons de convalescence, leurs parcs pour la promenade et les jeux, leurs restaurants, leurs cafés, tant pour les ouvriers que pour les contremaîtres et employés, leurs bureaux de poste, leurs banques et leurs caisses d'épargne et d'assurances diverses, leurs bibliothèques avec salles de lecture et de conférences, et même leurs théâtres et leurs cinémas. On comprend que le monde du travail puisse, avec de telles organisations, vivre économiquement, tout en ne manquant ni du nécessaire, ni de l'agréable.

La ville d'Essen, devenue, grâce à un tel accroissement, non pas la reine, mais la ville principale et au centre même du bassin Westphalien, a bénéficié de nombreux avantages administratifs; elle est le siège d'une direction des chemins de fer, d'une école de mineurs, de nombreux établissements de crédit et enfin du syndicat général des charbons de la Ruhr.

Une superbe forêt municipale de 195 hectares sert de parc de promenade pour les 480 000 habitants de la grande cité industrielle.

Environs d'Essen

Naguère, bon nombre de villages ou de bourgs entouraient Essen. Les plus proches ont été absorbés par la grande ville; ce fut une des conséquences de son accroissement auquel cette annexion contribua d'autre part; ainsi s'explique qu'en douze ans la population ait passé de 200 000 à près de 500 000 habitants.

Mais les localités plus éloignées sont restées autonomes et à leur tour devenues des villes, toutes desservies, soit entre elles soit avec Essen, par des voies ferrées et de multiples lignes de tramways. La plupart sont les sièges d'exploitations de charbonnages.

Je citerai parmi les principales : au sud, en se dirigeant vers la Ruhr, *Bredeney*, centre d'un district à la fois industriel et agricole de 9000 habitants; *Hugel*, où Krupp a installé une colonie ouvrière et qui est presque un faubourg d'Essen; *Rellinghausen*, dans une jolie situation sur la Ruhr, en pleine forêt; un peu plus loin, *Werden*, qui compte 13 000 habitants; puis plus à l'ouest, *Kettwig*, où se trouve, à gauche de la Ruhr, le vieux château de *Landsberg* qu'Auguste Thyssen a restauré et où il s'est créé une résidence somptueuse.

Si de là on remonte la rivière, on arrive à *Steele* (16 000 habitants), une des plus anciennes villes de la région.

Suivre au delà la vallée de la Ruhr, c'est quitter le district industriel pour entrer dans une région forestière qui ne s'interrompt que pendant la traversée de *Hattingen*, petite cité moyenâgeuse égarée dans le monde moderne. Ainsi cette petite rivière de 230 kilomètres de cours, qui fait tant parler d'elle, débute dans le bois et finit dans le charbon.

La vallée supérieure qui s'éloigne au sud-est du district industriel est entrecoupée de barrages qui alimentent en eau potable les millions d'habitants du bassin houiller.

L'ensemble des retenues n'emmagasinent pas moins de 200 millions de mètres cubes d'eau. L'un de ces barrages, le *Monethal*, est parmi les plus grands qui aient jamais été construits.

Le siège de cette vaste organisation est à Essen ; mais on a peine à s'imaginer les difficultés qu'il fallait vaincre pour distribuer de l'eau à un district qui, il y a trente ans, contenait à peine un demi-million de personnes et qui, depuis lors, s'est accru de plusieurs centaines de mille chaque année. La complication des services publics de toutes sortes est parallèle au développement des installations techniques. Quiconque n'y a point circulé pas à pas est incapable de se rendre compte de ce que c'est qu'exploiter le bassin de la Ruhr.

Un des exemples de cette incroyable complexité est donné par l'organisation et le fonctionnement des *Centrales électriques*.

Centrale électrique

En 1887, la maison Krupp construisit une usine électrique pour fournir de l'énergie à ses ateliers ; la ville d'Essen résolut de l'imiter et une société installa à cet effet à l'orée d'un puits une série de moteurs actionnant une distribution d'électricité. Mais vers 1902 les grands industriels, Thyssen, Hugo Stinnes, Kirdorf y acquirent des intérêts ; aussitôt l'opération s'agrandit et des succursales d'énergie furent créées dans quatre autres centres industriels du bassin, dont deux aux limites extrêmes, à *Reisolz* près de Dusseldorf, et à *Wesel* à la frontière hollandaise ; une autre plus loin encore, dans la région de Cologne, marche au lignite.

Semblables aux filets nerveux qui du cerveau d'un animal vont actionner ses organes et tous ses membres, les câbles des Centrales électriques animent toute l'industrie rhénane-westphalienne et s'y prolongent même bien au delà ; leur réseau s'étend sur 11 000 à 12 000 kilomètres carrés, pénètre jusqu'aux frontières de Hollande et dessert plus de mille agglomérations. L'énergie totale que fournissent les cinq centrales dépasse 700 000 chevaux ; elle s'est élevée en 1917 à 1 100 000 chevaux.

Il faut ajouter qu'elles envoient en outre du gaz

d'éclairage à quantité de villes, à l'aide de conduites dont la longueur est de 240 kilomètres. Comme dans toutes les grandes installations, les 2 ou 3 millions de tonnes de houille qu'elles consomment ne sont pas brûlées, mais distillées et jettent sur le marché une abondante série de sous-produits.

Le tout appartient à une société privée avec participations financières des villes, de la province et des gros consommateurs. Mais depuis deux ans, Hugo Stinnes s'en est assuré le contrôle. La politique du célèbre homme d'affaires consiste toujours à mettre la main sur des entreprises d'où dépendent l'existence de toute une industrie ou l'économie d'une région entière.

Quand on se dirige vers le nord d'Essen, on pénètre dans la région la plus dense en foyers d'exploitations houillères.

Voici *Altenessen*, naguère village de cultivateurs, aujourd'hui ville de 46 000 mineurs ou métallurgistes ; puis Borbeck, faubourg d'Essen, avec 78 000 habitants. A mesure que l'on avance, les puits se multiplient, on ne voit dans tous les sens que chevalements et bâtiments de triage, de lavage et de distillation des houilles.

Gelsenkirchen

Voici enfin, à 13 kilomètres seulement, au nord-est d'Essen, le plus grand centre de production houillère de l'Europe et peut-être du monde entier, *Gelsenkirchen*.

Gelsenkirchen était, il y a quelques années, sur la

limite septentrionale des exploitations, mais depuis qu'elles se sont étendues vers le nord, elle en occupe à peu près le milieu.

Elle n'était habitée, il y a un demi-siècle, que par 3 000 paysans; elle contient aujourd'hui 185 000 travailleurs industriels.

Presque toutes les grandes firmes du bassin houiller y ont un siège d'exploitation, et c'est dans son enceinte même que se trouvent les puits les plus connus pour le tonnage de houille qu'ils amènent au jour. On peut citer le *Hibernia*, le *Graf Bismarck*, le *Unser Fritz*, la *Consolidation*, les quatre puits de *Rhein-Elbe* qui passent pour donner les meilleurs charbons de tout le bassin de la Ruhr, et nombreux sont tout auprès les hauts fourneaux, les forges, les usines de distillation, les ateliers mécaniques que la houille a attirés. Enfin et surtout, c'est ici le puits de la gigantesque compagnie des *Mines, Forges et Aciéries de Gelsenkirchen*, qui est un des éléments principaux du Konzern de Hugo Stinnes et de Kirdorf, le fondateur du Syndicat des charbons, né en 1873, et ancien élève de l'École technique supérieure de Charlottenbourg. Elle possède une concession minière d'une énorme étendue sur laquelle on ne compte pas moins de quinze puits d'extraction d'où sortaient avant la guerre plus de 10 millions de tonnes de houille; elle avait en outre des installations métallurgiques à Aix-la-Chapelle (*Rothe Erde*), à *Esch* en Luxembourg, des fabriques de ciment sur la rive gauche du Rhin et en Belgique qui lui ont été enlevées par le traité de Versailles. Enfin ses plus vastes exploitations métallurgiques sont sur le territoire même de Gelsenkirchen.

Le capital actions et obligations s'élevait en 1914 à près de 5oo millions de marks.

Elle a peuplé une grande partie de la ville de ses maisons ouvrières.

Gelsenkirchen, en effet, a plutôt l'aspect d'un immense faubourg industriel que d'une grande cité, sauf dans le quartier central qui entoure la gare où s'élèvent des constructions monumentales.

Toutefois, malgré la hâte fiévreuse qui a présidé à l'accroissement de cette cité champignon, l'hygiène n'a pas été négligée. Tous les quartiers ont leur parc ; la plupart des maisons, même les plus modestes, disposent d'un jardin et la voirie ne laisse rien à désirer. L'alimentation en eau potable a été organisée grâce aux travaux et aux libéralités d'un industriel bien connu, M. Grillo. Depuis 1920, 128 000 mètres cubes par jour sont fournis à Gelsenkirchen, ce qui, par tête d'habitant, est une proportion énorme.

Si l'on ne trouve pas à Gelsenkirchen de collections artistiques comme dans presques toutes les grandes villes allemandes, on y voit une institution que l'on chercherait vainement ailleurs. C'est un musée de tout ce qui concerne les précautions et les secours contre les incendies.

L'idée de créer dans le royaume de la houille une collection des moyens de lutter contre le feu ne manque pas d'originalité ; elle fut réalisée en 1907 par le syndicat des sociétés contre l'incendie. Ce musée contient d'abord tout ce qui, depuis l'origine des temps, concerne le feu et la lumière ; puis les instruments de lutte contre les sinistres ; les signaux d'alarme, les appareils préventifs ; les plans et descriptions des incendies célèbres ; un livre d'or des victimes du devoir dans les incendies ; des archives et une riche bibliothèque ; une exposition des fabriques d'appareils contre le feu.

En 1912 a été installé près de la ville un champ d'aviation, non sans peine d'ailleurs, à cause du réseau ferré de voies de chemins de fer, de routes et d'embranchements qui sillonnent tous les faubourgs.

Le Rhein-Herne-Kanal

Mais l'avantage immense que les toutes dernières années ont apporté à Gelsenkirchen est le *Rhein-Herne-Kanal.*

J'ai donné dans *les Derniers Progrès de l'Allemagne* la description de cette audacieuse entreprise, bien qu'elle ne fût pas alors complètement terminée. Il y a 38 kilomètres de parcours de l'ouest à l'est de ce canal à grande section, qui, dans sa longueur, a dû traverser trente-neuf routes et vingt et une lignes de chemin de fer.

Cette voie d'eau qui débouche dans le port de Ruhrort et fait communiquer le Rhin avec l'Ems, et par l'Ems canalisé avec la mer du Nord, à Emden, est dès à présent l'exutoire idéal pour les houilles et les métaux du Rheinland et de la Westphalie. Les travaux qu'il a fallu exécuter pour le mener à bien sont d'une hardiesse sans exemple, car il fallait avant tout empêcher les infiltrations d'eau dans le sous-sol miné dans tous les sens. D'ailleurs, il est à remarquer que dans tout le bassin de la Ruhr on n'a jamais hésité à construire n'importe quel édifice, ouvrage d'art ou bâtiment industriel au-dessus des galeries de mines qui sillonnent à divers niveaux le sous-sol de la région.

Le canal de Herne reçoit des chalands de 1 200 tonnes ; sa profondeur est de 3 m. 5o ; le rectangle navigable a 5 mètres de hauteur (distance entre le niveau de l'eau et le dessous des ponts) ; des dispositions tout à fait inédites ont été prises pour parer aux affaissements possibles du terrain. Les manœuvres des écluses se font par commandes électriques. Les portes dans certaines écluses s'effacent, pour s'ouvrir, dans une échancrure latérale en forme de bassin, dans certaines autres, elles se renversent et vont s'aplatir au fond du sas. La traction dans les écluses est faite par des locomotives roulant sur la rive. La manœuvre dans une écluse dure en moyenne vingt minutes. Quant à la marche des trains de chalands, elle est fixée par les règlements entre 4 et 6 kilomètres à l'heure.

Le long du canal débouchent, comme des affluents, des tentacules navigables qui se dirigent vers les grandes usines ou vers les foyers d'extraction où ils vont s'élargir en bassins industriels ; ils sont au nombre d'une vingtaine.

Jusqu'à 1919, le canal s'arrêtait à Herne, petite ville industrielle, à 15 kilomètres au nord-est de Gelsenkirchen ; là il s'embranche, ai-je dit, sur l'Ems canalisé ; mais le projet d'ensemble dont il ne constitue qu'une fraction est beaucoup plus vaste. Déjà le canal de Dortmund à Ems jette un embranchement sur la Weser et par là sur Brême et Bremerhafen ; déjà encore le canal du Rhin à Herne se poursuit jusqu'à Hanovre, qui dès à présent a son port fluvial. Au delà

de Hanovre les travaux marchent à pas de géant,
pour se poursuivre jusqu'à l'Elbe aux environs de
Magdebourg. Bientôt sera ainsi terminé ce fameux
Mittland-Kanal, dont l'importance est capitale pour le
Reich, puisqu'il reliera le bassin de la Ruhr avec
Hambourg et Berlin (car l'Elbe est en liaison avec la
Sprée).

Dès lors, Hambourg et Berlin seront libérés des
charbons anglais qui y arrivent encore aujourd'hui à
raison de plusieurs millions de tonnes ; et l'exploitation du bassin de la Ruhr verra augmenter d'autant
son tonnage. Rien d'ailleurs ne s'oppose à la réalisation de ces perspectives, car l'abondance des ressources
en combustible du gisement rhénan-westphalien est
aussi indéfinie que pourra l'être la capacité de transport du Mittland-Kanal. Les nouveaux puits que l'on
fonce en ce moment dans le nord du bassin pourvoi-
ront à ces nouveaux débouchés.

Une longue avenue plantée d'arbres conduit de
Gelsenkirchen au canal ; au bout de l'avenue un pont
le traverse au milieu duquel la vue s'étend sur la ville,
les puits et les grandes usines. Des berges inclinées,
soigneusement entretenues, enferment le chenal de
cette voie d'eau à qui sa largeur donne bien plutôt
l'aspect d'un fleuve aux eaux tranquilles que d'un
canal creusé de main d'homme. La navigation s'y fait
avec du remorquage à marche très lente, afin de ne pas
déchausser les rives. Les trains de bateaux peuvent
se croiser partout. Et quand on considère le mouvement incessant de batellerie qui le sillonne, les sai-
gnées latérales par lesquelles les chalands vont chercher à l'orifice des puits ou au pied des hauts four-

DORTMUND. — Cité ouvrière avec jardins.

neaux la houille et la fonte de fer, on comprend que les sommes énormes dépensées à ce travail soient d'un avantageux rendement.

Bochum

De Gelsenkirchen à Bochum, il n'y a qu'un pas, je veux dire quelques kilomètres en se dirigeant au sud-est. Combien ? on ne saurait le dire, parce que les maisons se suivent sans interruption sur la route et qu'on ne voit pas où finit une ville et où commence l'autre. Les exploitations houillères sont de plus en plus nombreuses.

Bochum, avec ses 170 000 habitants, dont 70 000 ouvriers, est un autre Gelsenkirchen, avec des quartiers de noblesse industrielle un peu plus anciens; ce qui lui a valu l'honneur d'être le siège du Syndicat des sels ammoniacaux extraits de la houille qui, pour la Ruhr seule, représentaient 380 000 tonnes en 1913, du Syndicat des goudrons, 600 000 tonnes, — un peu moins à cette heure, — et du Syndicat des benzols qui contrôlait avant la guerre 60 000 tonnes, quantité devenue beaucoup plus forte aujourd'hui. L'effort allemand se porte de plus en plus vers ce dernier produit, que l'on considère, à défaut de pétrole, comme la base du carburant national.

Bochum est également le siège de l'exploitation et de la direction d'une puissante Société houillère et métallurgique le *Bochumerverein*, dont les aciéries occupent une vaste superficie au sud de la ville.

Quand on quitte Bochum par le tramway interurbain qui se dirige vers l'est, n'étaient les puits de mines qui dressent ici et là leurs hauts chevalements, on pourrait croire que l'on va quitter le district industriel ; mais après avoir franchi 20 kilomètres, on aperçoit dans le lointain brumeux une forêt de cheminées plus serrées que jamais ; on approche de Dortmund, l'une des métropoles du bassin rhénan-westphalien.

Dortmund

Dortmund, avec ses 330 000 habitants, a les allures d'une très grande ville, richement et solidement bâtie en grès houiller ou en ciment armé gris de fer qui lui donnent un aspect imposant et sévère. C'est le centre de la direction administrative de tout le bassin de la Ruhr, et un point de rencontre ou plutôt d'enchevêtrement de nombreuses lignes de chemins de fer. Sa gare est monumentale.

Dans les rues principales, d'orgueilleux immeubles étalent leurs hautes façades et leurs riches devantures. On peut observer ici, comme type assez fréquent de construction qu'on ne voit pas ailleurs, de somptueux passages vitrés, traversant d'une rue à l'autre, et appartenant tout entiers à une seule maison. Le nombre de mètres courants de magasins à vitrines en est singulièrement augmenté. Cette disposition est fort goûtée à Dortmund. Dans les quartiers commerçants les immeubles neufs ou en construction — et ils sont nombreux — en sont presque tous pourvus.

Je ne crois pas qu'il existe aucune ville possédant autant de cinémas ; c'est une obsession. Mais si les salles sont fastueuses, les numéros du programme sont d'une qualité assez médiocre. La *Kultur* allemande n'est pas du tout *über alles* en fait d'imagination appliquée à l'écran. Ce que j'y ai remarqué de plus nouveau, c'est une multitude de petites lucarnes, avec éclairage en dessous, encastrées dans le parquet, le long des couloirs et des rangs de fauteuils, permettant au spectateur entrant de se guider dans l'obscurité jusqu'à sa place, sans que cette lueur gêne la représentation.

Il faut croire que les habitants de Dortmund sont friands de spectacles, car ils se sont offert, depuis peu, un très vaste théâtre qui est aussi un des plus réputés de l'Allemagne.

Des places spacieuses, un vieil hôtel de ville, des parcs récemment ouverts, beaucoup de statues, ornent cette cité dont on peut dire qu'elle remplit à l'est du bassin industriel le rôle de métropole que Dusseldorf tient à l'ouest.

Dortmund est d'ailleurs une des plus anciennes villes de la Westphalie; elle existait déjà à l'époque romaine sous le nom de *Trémonia*. Au moyen âge, elle fut une place de commerce importante et jalouse de ses libertés. Réunie au grand-duché de Berg, en 1807, elle passa à la Prusse par les traités de 1815.

Actuellement, elle est la tête de ligne du canal à grande section qui, sous le nom de *Dortmund-Ems-Kanal*, va aboutir dans la mer du Nord à Emden, à l'embouchure de l'Ems. Ce canal s'épanouit dans la partie nord de la ville en cinq bassins qui rappellent, en moins vastes, ceux de Duisbourg-Ruhrort. Une partie des productions du district industriel de la Ruhr gagnent par là la mer du Nord, échappant ainsi à la servitude des ports de Rotterdam et d'Anvers.

Dortmund est un des fiefs de Hugo Stinnes. C'est là un des principaux centres d'exploitation de la *Deutsch-Luxemburgische Bergwerk und Hutten Gesellschaft* (Charbonnages et forges germano-luxembourgeois), sur laquelle il a étayé sa fortune; énorme société au capital de 160 millions de marks en 1913, dont il est depuis longtemps le président, elle avait de nombreuses usines en divers points et notamment à *Differdange*, dans le grand-duché du Luxembourg, qui faisait partie, comme on sait, du Zollverein allemand. Ce dernier établissement a passé, de par le traité de Versailles, aux mains d'une société métallurgique française. Le siège de la Deutsch-Luxemburg à Dortmund est un véritable palais.

Une autre compagnie non moins puissante est le *Phœnix*, la même qui possède les grandes forges et aciéries de Ruhrort. Les halls industriels sont ici à Hœrde, faubourg de Dortmund.

La célèbre compagnie houillère *Harpener-Bergbau A. G.*, au capital de près de 100 millions de marks en 1913, a également son siège d'administration à Dortmund. Elle possède vingt et un puits, occupe 45 000 mineurs et son tonnage, en charbon extrait, vient immédiatement après celui de la Société de Gelsenkirchen; il atteint 8 millions de tonnes. Elle ne possède aucune usine métallurgique, mais seulement des cokeries et des Centrales électriques. Sa fondation remonte à 1856, mais, par suite de combinaisons financières, de participations, de fusions, de ventes et d'acquisitions, rien n'est plus compliqué que son histoire et son fonctionnement.

Enfin, tout le monde connaît en Allemagne la bière

de Dortmund, qui se fabrique dans plusieurs établis-
ments de premier ordre.

Limite orientale du bassin

Quand on poursuit sa route à l'est de Dortmund, on
quitte bientôt définitivement le territoire houiller et
métallurgique rhénan-westphalien.

Tel est ce fantastique bassin de la Ruhr qui, sur un
espace de moins de 3 800 kilomètres carrés, contient
aujourd'hui 3 700 000 habitants — ils n'étaient que
2 300 000 en 1905 — sur lesquels on compte 800 000 salariés, 15 000 à 20 000 contremaîtres, 12 000 employés
d'industrie, 5 000 ingénieurs. Il produisait en 1913
114 millions de tonnes de charbon, quantité que la loi
de huit heures et le relâchement dans le travail
réduisent maintenant à moins de 100 millions. Diminution momentanée que les sondages et les nouveaux
puits récemment forés au nord du gisement viendront
bientôt combler et au delà. C'est assurément le plus
riche et le plus productif coin de terre de l'Europe
et peut-être bien du monde entier; mais c'est surtout
celui où des hommes de notre époque ont concentré le
plus d'efforts, de science et d'esprit d'organisation.
Machine gigantesque, aux organes innombrables,
d'une complication telle que seuls peuvent la faire
mouvoir ceux qui l'ont construite pièce à pièce et qui
la dirigent depuis nombre d'années.

Le rendement prodigieux de cet organisme aux millions de bras a fait la fortune de tout un grand pays.
Pourquoi faut-il que ce peuple, insatiable en ses ambitions, assoiffé d'un impérialisme qu'exaltait sa propre

réussite, ait voulu conquérir par la force, sur un autre terrain, l'hégémonie que cette possession et sa propre puissance de travail lui assuraient dans un prochain avenir !

CHAPITRE III

Dans l'Allemagne centrale

La ligne à grand trafic de Dortmund à Leipzig passe par Hanovre, Brunswick et Halle. A partir de Brunswick on a sous les pieds le *gisement potassique* dit *de Stassfurt*, dont l'étendue est si vaste que l'on peut considérer sa richesse comme inépuisable. Je l'ai bien souvent visité, ainsi que quelques-unes des 60 ou 70 usines où se raffinent les sels bruts. *L'Allemagne au travail* et *les Derniers Progrès de l'Allemagne* en contiennent des descriptions techniques. Il n'y a de nouveau, à l'heure actuelle, que la concurrence qui leur est faite par nos potasses alsaciennes, d'une pureté plus suivie et d'une teneur plus élevée que celles de Stassfurt, mais moins bien placées au point de vue des transports, puisqu'elles ont 800 kilomètres à franchir sur le Rhin avant de trouver un port d'embarquement étranger, tandis que les sels de la région de Stassfurt ont, par la Saale et l'Elbe, moins de 300 kilomètres pour arriver à Hambourg, où ils constituent un fret d'exportation très important. L'exploitation de la Haute-Alsace n'a plus une seule faute à commettre si elle ne veut pas être écrasée dans la lutte contre le syndicat de Stassfurt admirablement organisé pour la propagande et la vente dans le monde entier.

Le Lignite

A peine a-t-on quitté le domaine de la potasse qu'on tombe dans celui des *lignites*. Dans bien des districts même, ils sont superposés ; car la potasse se trouve dans les couches profondes, tandis que le lignite est à une faible distance du sol. Il est aussi fréquemment exploité à ciel ouvert que par puits et galeries. A partir de Halle-sur-Saale la richesse en combustible est prodigieuse. On peut dire que, depuis quelques années, la vallée de la Saale est pour le lignite ce que la Basse-Ruhr est pour la houille. Les gisements de lignite, s'ils ne sont pas aussi réguliers ni aussi riches au mètre carré, sont beaucoup plus étendus ; ils occupent du sud au nord presque toute la région qui s'étend entre Leipzig et Magdebourg et s'épanouissent de l'est à l'ouest à partir de l'Elbe, sur une largeur assez mal déterminée, mais qui mesure en certains points, une centaine de kilomètres.

L'exploitation de ce seul gisement dépasse aujourd'hui 80 millions de tonnes, le double de ce qu'elle était il y a douze ans, et elle est en voie d'atteindre la production houillère de la Ruhr.

Il convient d'ajouter que le sol de cette région, qui comprend le sud du Hanovre et la plus grande partie de la province prussienne de Saxe (qu'il ne faut pas confondre avec l'ex-royaume de Saxe), est d'une fertilité de premier ordre. C'est le domaine préféré de la betterave à sucre ou à alcool ; aussi les usines agricoles

LEIPZIG. — Monument de la bataille de 1813.
Manifestation nationale.

y sont-elles nombreuses. La culture n'y est troublée que par les excavations de grande superficie de 10 à 3o mètres de profondeur que l'on creuse à la drague et au fond desquelles on exploite à la pelle mécanique la couche de lignite[1]. Ce lignite est hissé dans des wagonnets aériens que des câbles sur pylônes transportent directement aux lieux de consommation.

J'ai travaillé avant la guerre pendant plusieurs mois, près de Magdebourg, dans une fabrique de produits chimiques qui recevait ainsi son combustible. Un aiguillage aérien conduisait les wagonnets chargés, arrivant de la carrière, au-dessus d'un silo où ils se déversaient automatiquement. Là, le lignite était puisé par un autre engin et déversé sur les grilles mécaniques qui chauffaient les chaudières.

Ainsi ce lignite était extrait, transporté et brûlé sans qu'aucun bras humain ait eu à intervenir. Il revenait à moins de 4 marks la tonne, rendu dans le foyer.

Aujourd'hui la plus grande partie des lignites est agglomérée en briquettes, sous une pression énorme qui les rend compactes et polies, semblables à d'épaisses tablettes de chocolat dont elles ont la couleur.

Les qualités des lignites sont assez variables. Ils font l'objet au laboratoire d'études très attentives qui déterminent s'ils doivent être brûlés tels quels, c'est le cas du plus grand nombre, ou distillés pour en retirer, comme de la houille, le coke, les gaz combustibles et les sous-produits. Il m'a été affirmé que certaines espèces ne peuvent être distillées parce qu'elles font explosion dans les cornues par suite de la présence

---

1. Voir *les Derniers Progrès de l'Allemagne.*

d'air interposé dans leur masse qui forme des mélanges détonants.

Les autres gisements de lignite, dont l'ensemble complète les 124 millions de tonnes de la production actuelle, se trouvent principalement en Bavière, puis sur la rive gauche du Rhin, dans la région qui avoisine Cologne.

Malgré l'énorme tonnage produit par le bassin de la Saale et de l'Elbe, on ne rencontre nulle part des amoncellements de wagons de lignites comparables à ce que l'on voit pour la houille dans la Ruhr. Les raisons en sont : 1° les câbles aériens qui foisonnent dans cette région et qui furent, dès le début, les agents de transport du lignite ; 2° et surtout la politique allemande du lignite qui tend à le consommer sur le lieu même de son extraction. C'est ce qui explique la présence de nombreuses usines neuves, en pleine campagne, autour des exploitations souterraines ou à ciel ouvert : elles ont poussé là comme des champignons. En dehors des sucreries et des distilleries il en est de toutes sortes : usines de produits chimiques, notamment la grande et unique fabrique de phosphore de l'Allemagne qui dépend des établissements *Grisheim Elektron* de Francfort. Le phosphore y est produit au four électrique en partant du phosphate naturel; les fours électriques reçoivent leur courant par des génératrices que mettent en mouvement des machines à vapeur chauffées au lignite; exemple assez rare de gros ampérages obtenus, non avec des chutes d'eau, mais avec du combustible.

De grandes masses de lignite sont utilisées à actionner des Centrales électriques; la plus colossale, qui vient d'être ouverte en automne 1922, est celle de *Golpa* près de Bitterfeld. Bitterfeld est une ville manufacturière d'une cinquantaine de millions d'âmes, sur la ligne de Leipzig à Berlin. Cette Centrale, la plus grande qu'il y ait au monde, disent les Allemands, a une puissance de 150 000 HP. Elle a été créée pour alimenter Berlin et y supplanter le charbon anglais et aussi les houilles de la Haute-Silésie partiellement remises aux Polonais. Il est tout à fait logique de transporter ainsi à 150 kilomètres de l'énergie au bout d'un fil, plutôt que de faire voyager un combustible d'une faible puissance calorifique. Voici, d'ailleurs, les rendements moyens, en calories, des divers combustibles indigènes d'Allemagne :

	Calories.	Cendres.
Bois	3 050	0,5 p. 100.
Tourbe.	3 300	2 —
Lignite.	de 3 à 5 mille	23 —
Houille.	7 100	10 —
Anthracite.	8 100	2 —
Coke	7 000	7 —

L'ammoniaque synthétique à Leuna

Mais la plus forte consommation de lignite de la Saale, en usine, est celle de la fabrique d'ammoniaque synthétique de *Leuna*, appartenant à la *Badische anilin und Soda Fabrik.*

Si de Halle on se dirige vers le sud en remontant la Saale, soit par un tramway interurbain, soit par la ligne ferrée d'Iéna, on trouve à une distance de 12 ki-

lomètres environ la ville de Mersebourg. Poursuivant
plus loin au sud, on aperçoit, à 4 kilomètres environ
de Mersebourg, un alignement de treize cheminées
gigantesques, distantes d'environ 200 mètres les unes
des autres et qui crachent des fumées blanches;
c'est l'usine de Leuna. Entre l'usine et la Sarre, une
ville toute neuve a été construite. Il y a six ans, le
tout était couvert de blé et de betteraves, et pullulait
de lièvres et de perdreaux. C'est sous cet aspect que
j'avais vu ce pays, en octobre 1906, un siècle, jour pour
jour après la bataille d'Iéna.

On aimera, sans doute, à apprendre que la route
que l'on suit de Halle à Mersebourg et à Leuna est
précisément celle que parcourut, en sens inverse, la
division Dupont, du corps d'armée de Bernadotte,
le surlendemain des victoires d'Iéna et d'Auerstædt.
Napoléon, qui le suivait et qui venait de s'arrêter à
Auerstædt, traversa sur sa route le champ de bataille de Rosbach, tout proche de Leuna, où le grand
Frédéric, cinquante ans auparavant, avait battu les
Français commandés par Soubise. Il découvrit le monument commémoratif de cette défaite et le fit détruire
sous ses yeux, puis alla coucher à Mersebourg. Pendant ce temps, le général Dupont, celui qui devait,
deux années plus tard, capituler à Baylen, en Espagne,
s'emparait de Halle par un brillant coup de main et
y faisait prisonnier un corps des dernières réserves
prussiennes.

Le souvenir de ces grandes journées est encore très
vivant dans la mémoire des habitants de cette région.

J'ai parcouru deux fois, depuis l'armistice les formidables installations de Leuna. L'ammoniaque qu'on

fabrique à Oppau avec du coke, on l'obtient ici avec du lignite. Ce sont des millions de tonnes qui s'y engouffrent. Il provient de gisements situés à une faible distance des usines, où il est transporté par wagons.

Bien avant d'arriver aux usines, une gare de triage immense reçoit et répartit les trains qui entreront au long des 3 kilomètres de l'établissement par un faisceau de huit voies parallèles. Tout ici est de proportions gigantesques. Gisements et moyens de transport appartiennent à la *Badisch*. Mais au lieu d'être amené par des câbles aériens comme à Oppau, le combustible qui va être, pour ainsi dire, transformé en azote y arrive par des voies à même le sol.

L'usine, ai-je dit, a été construite par batteries successives que l'on mettait au fur et à mesure en activité. Elle paraît maintenant terminée, à moins que de futures extensions ne soient prévues à l'ouest, ce que j'ignore.

La colonie ouvrière

Terminée aussi la colonie ouvrière que j'avais vue en pleine construction au commencement de 1920. C'est aujourd'hui une véritable ville d'au moins 28 000 habitants, et un excellent modèle d'urbanisme moderne.

Tout entrepreneur, tout architecte, tout maire d'agglomération à reconstruire aurait intérêt à venir étudier les procédés qui ont été employés pour édifier cette ville en quatre ans.

Le terrain qui la supporte est un long plateau de 800 mètres de large au pied duquel coule la Saale, en contrebas d'une quarantaine de mètres. Cette tranquille petite rivière, qui ici ne peut porter que des bateaux de faible tonnage, offre cette particularité que sa rive droite est plate et même en certains points marécageuse, tandis que sa rive gauche est escarpée. Leuna se trouve sur cette rive.

On a donc tracé la ville sur le plateau. Le plan comporte de larges rues, des avenues plantées d'arbres, des places, des squares et quelques rues perpendiculaires. Une des artères est à arcades.

De la pente boisée et touffue, qui descend du plateau à la Saale, on a fait un parc public traversé par un chemin carrossable en lacets et une quantité de sentiers qui se perdent sous bois avec un café-restaurant dans une clairière.

Lorsque je visitai Leuna une première fois, en automne 1919, elle se composait seulement d'une quantité de baraques en bois, de quelques maisons déjà construites et d'un bien plus grand nombre en construction. Toutes les bâtisses étaient alignées suivant le plan définitif. Sur une partie de la surface, aujourd'hui transformée en ville, s'étendaient encore des champs cultivés. Une bande de chasseurs avec leurs chiens y cherchaient du gibier. Je leur vis lever un lièvre qu'ils tirèrent et qui vint expirer tout près de moi. Aujourd'hui tout cela est couvert de jolies maisons habitées.

La méthode générale de construction a consisté, après avoir tracé le plan de la cité, à y installer dans les rues des voies ferrées du type normal, avec aiguillages et croisements, qui se reliaient à la ligne du chemin de fer. Des trains chargés de matériaux divers venaient stopper dans chaque rue dont toutes les maisons étaient simultanément en construction. On déchargeait des wagons, à pied d'œuvre de chaque bâtisse, les éléments de construction, tous interchangeables, bien qu'aucune maison ne soit identique à sa voisine, mais toutes les pièces qui y entrent sont standardisées. Aussitôt des engins spéciaux, mus par de l'énergie électrique fournie par l'usine, gâchaient le mortier, hissaient les pierres, les briques, les charpentes, et la construction, ainsi alimentée sans interruption, s'élevait avec une rapidité tout américaine.

Simultanément on installait, suivant les mêmes principes, dans toutes les artères les canalisations, les adductions d'eau, de gaz, de courant électrique. C'est ainsi qu'en moins de trois ans la ville entière s'est construite en dur et que toutes les baraques ont disparu.

Une ligne de tramway a remplacé les voies ferrées et relie Leuna à Mersebourg.

Et maintenant on y voit un pompeux hôtel de ville, une église, un bureau de poste, un hôpital, plusieurs écoles, une bibliothèque publique, des squares ornés de fontaines, des bains, une buanderie publique, un hôtel, des restaurants et cafés, des cinémas, une salle de réunions, des magasins coopératifs et des devantures pourvues de glaces dignes d'une grande cité.

Suivant le système allemand chaque construction est spécialement exécutée en vue de sa destination; chaque habitation a son petit jardin et les terrains de sport n'ont pas été oubliés.

La grande avenue centrale, lorsque les arbres auront grandi, formera une agréable promenade publique.

A l'entrée de toutes les rues qui pénètrent dans l'agglomération est scellé dans le mur un tableau vitré qui contient un plan de la ville à grande échelle où figurent les noms de rues et toutes sortes d'indications utiles. Ces noms de rues sont généralement ceux de chimistes célèbres et particulièrement des chefs qui ont fait la fortune de la Badische Anilin und Soda Fabrik. Car tout cet ensemble, si largement conçu, est l'œuvre et la propriété privée de la société. Les services immenses que la grande industrie a rendus à l'Allemagne pendant la guerre ont puissamment contribué au développement de l'influence politique dont elle profite aujourd'hui.

Une construction en vitesse

Je ne saurais donner une meilleure démonstration de la célérité des Allemands, dans l'exécution de leurs travaux, que l'exemple suivant que j'ai eu sous les yeux.

La Société *Heiligenroda* à Dorndorf dans le Rœhn, a entrepris la construction d'une cheminée géante de 116 mètres de hauteur et n'ayant pas moins de 3 m. 50 de diamètre intérieur au sommet; il fallut donner aux fondations une largeur de 15 mètres.

Cette construction exigea six cent mille briques, 500 mètres cubes de gravier, 600 mètres cubes de sable, 150000 kilogrammes de ciment, 60000 kilogrammes de chaux. Le tout représentait trois cent trente wagons de matériaux. Or le travail entier fut commencé et achevé en soixante jours!

LEIPZIG. — Un des grands palais de la Foire.

Halle-sur-Saale

Halle, qui s'est agrandie jusqu'à compter 200 000 habitants, est, avec Magdebourg, le foyer des constructions mécaniques pour la sucrerie, la distillerie, les mines et les raffineries de potasse. Ces établissements ont tous travaillé aux fournitures de guerre, sans abandonner toutefois leurs fabrications propres. Ils furent, ils sont encore les principaux fournisseurs de quantité de matériels de sucreries de cannes à destination principalement des Indes hollandaises, Java et Sumatra, où cette culture s'est largement étendue à cause de la raréfaction du sucre de betterave.

Bien que la main-d'œuvre y soit très occupée et le chômage inconnu, Halle a été, en 1919, le théâtre de troubles sociaux graves et d'un pillage de magasins dans la Grande-Rue, scientifiquement organisé. Les communistes avaient introduit dans cette rue, pendant le jour, des camions automobiles vides et les y avaient laissés afin d'avoir sous la main des instruments de transport pendant la nuit suivante où le sac fut perpétré méthodiquement. Lorsque j'y passai en automne 1919, les traces de ce brigandage à main armée étaient encore très apparentes. A ce moment des mitrailleuses à demeure, gardées par la police civique, avaient remplacé les camions afin d'en empêcher le retour.

C'est dans cette région que se trouve le premier chemin de fer à grand trafic électrifié, grâce à une Centrale alimentée au lignite. Partant de Leipzig, il ne dépasse pas encore Bitterfeld, sur la ligne de Berlin qui doit être électrifiée tout entière. La guerre en a interrompu l'achèvement.

Au delà de Bitterfeld, dans cette région, le réseau ferré est extrêmement dense. En se dirigeant vers le nord, on passe à Dessau, capitale de l'Anhalt, où se trouvent les ateliers de construction des *aéroplanes Junkers*. C'est une jolie ville de résidence [1].

Magdebourg

De là, en moins d'une heure, on atteint Magdebourg, le plus grand port intérieur sur l'Elbe, après Dresde, et chef-lieu de la Saxe prussienne, où se trouvent les immenses ateliers de constructions métalliques de *Krupp*, et l'usine de matériel de chemin de fer et de locomobiles de *Wolff*. Ces établissements par leurs proportions rappellent ceux de Dusseldorf et de Dortmund.

Magdebourg, la grande forteresse de la monarchie prussienne à l'ouest, a conservé un aspect imposant, mais quelque peu sévère. On y était coudoyé partout, naguère par des traîneurs de sabre qu'on est heureux aujourd'hui de ne plus rencontrer.

Peu de monuments anciens, sauf la cathédrale, l'un des plus beaux édifices gothiques de l'Allemagne du nord, qui a échappé à la destruction de la ville ordonnée par Tilly, au cours de la guerre de Trente ans, grâce à l'énergie du bourgmestre, Otto de Guerick, le

---

1. *On appelle villes de résidence les capitales des nombreux petits Etats allemands d'autrefois. Les anciens souverains y résident encore en paisibles propriétaires.*

célèbre inventeur de la machine pneumatique. Les classiques *hémisphères de Magdebourg* figurent à la place d'honneur dans le musée de la ville.

Comme toutes les cités importantes d'Allemagne, Magdebourg, qui compte 3oo ooo habitants, a eu son exposition en 1922. Elle s'étalait hors de la ville, sur la rive droite de l'Elbe (Magdebourg est sur la rive gauche), dans un parc public. Ses installations étaient disposées autour d'un petit lac et leur aspect en aurait pu être attrayant si elles n'eussent pas été composées d'un assemblage de baraques lourdes et informes, peinturlurées, pour toute décoration, de couleurs criardes et heurtées à vous arracher les yeux. Le contenu valait mieux que le contenant.

Dans ces expositions, çà et là parsemées à travers les villes, on retrouvait partout un fond commun, auquel s'ajoutaient, pour chacune, les spécialités industrielles et commerciales de la région et de la cité.

Le fond commun était toujours la démographie, l'hygiène et les grandes questions économiques d'habitation, de transport, de navigation.

A Magdebourg, les spécialités étaient naturellement le lignite, le sucre, la potasse, la chaudronnerie et la mécanique. En parcourant trop rapidement ces salles où étaient exposés en réduction tous les appareils d'extraction, de manutention, d'agglomération, de distillation et de combustion des lignites, je ne pouvais me défendre de regretter que des ingénieurs de chez nous n'y soient pas venus nombreux pour étudier cette production et ces traitements à peine ébauchés en France, où se trouvent cependant des gisements de lignite non négligeables, à peine effleurés, sinon complètement inexploités. Les Allemands ont créé pour ce combustible une technique récente qui mériterait d'être connue en France.

Sur la sucrerie et la distillerie, il n'apparaissait pas qu'ils nous fussent supérieurs, si ce n'est pour la quantité et surtout sur les rendements en sucre et en alcool des betteraves et des pommes de terre. Mais ceci est affaire de sélection de graines et d'agronomie.

Les Allemands ont diminué volontairement de moitié environ leur production de sucre qui était de 2 700 000 tonnes en 1913, pour reporter sur l'alcool, carburant national, le rôle industriel de la betterave.

Dans une autre section, on pouvait admirer une série de plans et de maquettes de matériel de chemin de fer, de gares nouvelles, de locomotives électriques, d'appareils de manutention, de signalisation et de sécurité du plus haut intérêt.

Le caractère général de toutes ces manifestations est de négliger l'esthétique et la décoration, mais d'être profondément instructives.

De nombreuses salles avaient été affectées à l'hygiène ; on y voyait notamment une interminable série de préparations au microscope et de représentations plastiques des ravages de la tuberculose et de la syphilis à vous faire dresser les cheveux sur la tête. Fort heureusement on lisait, au-dessus, des statistiques rassurantes sur la décroissance, due à une hygiène scientifique, de ces terribles ennemis de l'espèce humaine.

Enfin, on avait consacré un bâtiment aux textiles allemands : un vrai repoussoir. Tous les stands semblaient avoir été loués par des marchandes à la toi-

lette et par des teinturiers-dégraisseurs de vieux
habits. On voyait là des étoffes sans nom, ersätz de
laine, de soie ou de coton, qui affirmaient la pénurie
allemande en matières premières d'importation pour
l'habillement.

Rien ne saurait mieux montrer le déséquilibre de
l'économie nationale de ce pays, si prospère quand il
s'agit de produits extraits de son sol, si misérable
quand il faut les demander à l'étranger.

CHAPITRE IV

Leipzig

La gare

La gare de Leipzig réserve à ceux qui y arrivent pour la première fois la plus saisissante impression d'immensité. Le hall des trains à six travées, chacune de 5o mètres de largeur et de 3oo mètres de long, haut comme une nef gothique, rapetisse tout ce qu'il recouvre. La sensation est plus vive encore quand on parvient, en suivant l'un des dix-huit quais qui longent les voies, au grand promenoir transversal, long de 32o mètres, large de 5o, perpendiculaire aux trains.

De là on sort, soit par les extrémités sur les larges rues latérales, soit par l'une des deux rampes monumentales qui descendent dans les salles de pas perdus, où les hommes semblent si petits qu'on les prendrait pour des insectes... Mais j'ai déjà décrit ces installations dans *les Derniers Progrès de l'Allemagne* de 1914 et dans *l'Allemagne au travail* de 1910 ; car on a parlé dans toutes les publications, pendant dix ans, de cette fameuse gare de Leipzig. Non achevé encore en 1914, la moitié seulement de l'édifice servait à l'exploitation. Aujourd'hui l'œuvre est complète et se pré-

sente dans toute son ampleur. Aucune gare au monde,
pas même celle de Pensylvanie à New-York, n'en
égale les proportions. Elle couvre une superficie de
140 mille mètres carrés, disons plus de cinq fois les
dimensions de la gare de Lyon, à Paris. C'est le
triomphe du ciment armé et l'architecture en est
digne d'être admirée. Le problème était difficile
d'édifier, sans lourdeur ni monotonie, une façade de
350 mètres, en perspective sur un boulevard de même
largeur, tracé aux lieu et place des anciens remparts.
L'œuvre n'est pas due au cerveau exclusif des techniciens de chemins de fer, mais est le résultat d'un concours auquel prirent part les architectes et les ingénieurs les plus renommés du pays.

Le principe des concours, lorsqu'il s'agit d'un travail important, est largement pratiqué en Allemagne,
et prennent place pour le juger non seulement les
sociétés qui doivent l'exécuter, mais encore les Villes,
les Chambres de commerce, les associations scientifiques et artistiques, en un mot toutes les personnalités compétentes qui en sont estimées capables.

Certain jour un bourgmestre me disait : « C'est
auprès de vous, Français, que nous avons pris
l'exemple de ces concours : chaque fois que votre
empereur Napoléon voulait obtenir rapidement une
innovation nécessaire, il n'en confiait point l'étude à
son administration, mais la mettait au concours en y
attachant un prix enviable. L'expérience nous a
prouvé que cette méthode est la meilleure. »

La gare de Leipzig était tête de ligne de deux
réseaux de chemins de fer : réseau saxon, réseau
prussien; car la limite entre la Saxe et la Prusse est

proche de la ville. On sait qu'avant la chute de l'Empire et des principautés allemandes les réseaux appartenaient à l'Etat sur lequel ils étaient établis. Depuis la République, ils ont été unifiés et centralisés à Berlin ; et l'unité allemande en a été renforcée d'autant.

L'ensemble des bâtiments se compose donc de deux masses architecturales, jumelles et identiques. Il en est de même des services principaux et annexes. Disposition qui ne se rencontre nulle part ailleurs. C'est ainsi qu'il y a deux séries de guichets, deux réceptions de bagages, deux bureaux de poste, deux bureaux télégraphiques, etc. Le dualisme règne en tout.

Il [existe encore à Leipzig, dans un quartier tout différent, une autre gare importante, celle-là vieille et incommode ; c'est le terminus des chemins de fer bavarois, qui peut, si l'on veut, servir de repoussoir à la nouvelle.

Édifices publics

Pendant l'été de 1913, la Ville avait organisé une très vaste exposition de l'urbanisme et de la construction en général, où l'on voyait exposés tous les projets d'agrandissements, de décoration, de travaux et d'édifices publics étudiés pour Leipzig. Comme coup d'œil sur l'avenir, c'était éblouissant. Malgré la guerre et la détresse qui s'ensuit, plusieurs de ces plans ont été commencés et même terminés. On y voyait entre autres les projets de 17 établissements de bains municipaux, autant dire 17 palais, à répartir dans les divers quartiers ; la dépense prévue dépassait 3 mil-

LEIPZIG. — Maquette de la grande tour de la Foire.

lions et demi de marks — en 1913 — ; actuellement ,ces 17 établissements sont en exploitation, confortablement installés avec piscines, baignoires de marbre, bains de diverses sortes, douches, cures d'air et de soleil, pourvus d'un personnel médical et sanitaire et, en plus, de restaurants, salles de lecture et de gymnastique, coiffeurs, parfumeurs ; le tout à des prix d'une extrême modicité. Dès lors qu'il s'agit de l'hygiène publique, on ne recule ici devant aucun sacrifice.

La guerre avait surpris Leipzig au beau milieu de son *Exposition du Livre* qui devait servir d'inauguration à l'orgueilleuse *Bibliothèque nationale allemande* dont on parlait depuis plusieurs années. Ce palais, qui borde un immense rond-point sur la fameuse *Avenue du 18 Octobre* 1813, ouverte pour servir de perspective au gigantesque monument commémoratif de la *bataille de Leipzig*, a été livré au public en 1915. « Le but poursuivi est de recueillir, de conserver et de cataloguer tout ce qui paraît en langue allemande, dans le pays ou à l'étranger, ou qui, en langue étrangère, est publié en Allemagne. » (*Derniers Progrès de l'Allemagne*, p. 67.)

L'édifice se développe en arc de cercle d'après un plan extensible d'année en année. Cette disposition est, sinon esthétique, du moins fort ingénieuse en vue de l'avenir fécond dont les Allemands se flattaient d'être les maîtres. Plus de 3 millions de marks-or y ont été déjà dépensés, fournis par l'Etat saxon, la ville de Leipzig et l'Association des éditeurs qui en est reconnue comme propriétaire. Les salles de lecture peuvent contenir des milliers de liseurs et l'on prévoyait que le nombre des ouvrages atteindrait rapidement cinq millions.

Sur les catalogues que j'ai pu me procurer on relève déjà plus de quatre mille publications sur la grande guerre ; rarement œuvres d'imagination, presque toutes sont des travaux techniques, scientifiques ou documentaires sur la politique, l'art militaire, l'artillerie, les manœuvres, l'aviation, les questions sanitaires, les transports, bref, toujours de la documentation, et tendancieuse, on peut le croire. Les Allemands n'ignorent point que le peuple qui écrit le plus copieusement l'Histoire est celui auquel la postérité a coutume d'ajouter foi.

Un kilomètre plus loin en suivant l'avenue, voici le *Vælkerschlagdenkmal*, le monument de la *Bataille des Nations*, qui dresse sa coupole monstrueuse et sa silhouette en forme de cloche à 100 mètres au-dessus du sol. Il est précédé d'un long bassin ou lac rectangulaire, creusé entre des berges inclinées et couvertes de pelouses, qui fait apparaître plus haute encore sa masse sombre au milieu de la vaste plaine où se livra la dernière bataille de Napoléon en Allemagne.

On peut soutenir que l'extérieur de l'édifice, qui impressionne surtout par sa grandeur, est une belle conception, mais je me permets de déclarer que la décoration intérieure est pour nous totalement inintelligible. Que signifient ces quatre personnages assis sur des dalles de pierre, adossés au pourtour intérieur de la coupole, qui ont 18 mètres de haut et qui en auraient trente s'il leur prenait fantaisie de se dresser ? Il y a là un manque de proportion entre le contenant et le contenu absolument inadmissible, quelles que

soient les allégories que le décorateur ait prétendu
figurer. Leur expression est d'une gravité émouvante
et douloureuse, — nous sommes dans un monument
funéraire —, mais la stature disproportionnée de ces
colosses nous les rend presque ridicules. Notons une
fois de plus que l'*über alles* teuton ne trouve pas sa
justification dans le domaine de l'esthétique.

Concert aérien

Depuis l'inauguration de ce monument par le Kaiser, le 18 octobre 1913, on y a fait une découverte à
laquelle, certainement, l'architecte n'avait point
songé. Cette voûte prodigieuse, jetée à 70 mètres
au-dessus de la tête des visiteurs, jouit d'une sonorité
qu'aucune nef de cathédrale n'a jamais connue. On en
a aussitôt tiré parti pour y donner des concerts de
musique religieuse.

Le 6 août 1922, entre quatre et cinq heures du soir,
les avenues qui conduisent au monument étaient
sillonnées de tramways et d'autos qui y amenaient
une foule de personnes, et bientôt la grande rotonde
du bas, les larges tribunes du premier et du second étage
se remplissaient rapidement. Pas de sièges pour cette
foule; et très peu de lumière. L'énorme enceinte est
obscure comme il sied à un tombeau. Trois mille personnes se tenaient là, debout et silencieuses.

Quelques femmes parvenaient seules à s'asseoir sur
les pieds des quatre géants de pierre, dont chaque
orteil est large comme un strapontin.

Presque au haut de la coupole, à 50 mètres du sol,
un groupe d'hommes et de dames, faiblement éclairés

par des lampes, debout dans la plus élevée des tribunes circulaires, apparaissaient comme des ombres. C'était le chœur dirigé par le maître de chapelle, professeur Gustave Wohlgemuth. Et à cinq heures sonnant, le concert commençait.

Le faisceau de voix tombant amplifié, du sommet des voûtes sur les auditeurs entassés dans le bas de ce sanctuaire, produit un effet indicible. Une telle harmonie ne peut se comparer à rien de ce qu'on est accoutumé à entendre. Les chœurs et les soli chantaient sans accompagnement une musique lente dont, malgré la résonance, on ne perdait ni une note ni une syllabe. L'immense concavité de la coupole s'emplissait d'une sonorité majestueuse. On s'explique l'affluence attirée par une telle audition.

Voici les titres des morceaux qui furent exécutés : La *Tombe des guerriers au printemps*, de Carl Schönherr; *Entends-moi, Israël!* de Mendelssohn; *Toi, pasteur d'Israël*, de Bortniansky; *Mélodie*, de Lola. *Jesus dulcis memoria*, de W. Niemann.

Le recueillement de ce public, constamment assoiffé de musique, était absolu. Nul ne ressentait la fatigue de l'immobilité debout dans les ténèbres et personne ne songeait à applaudir.

Autre divertissement

Mais voici bien, le même jour, d'un autre divertissement. Dans la grande plaine qui s'étend entre le Vœlkerschlagdenkmal et la ville, traversée par l'avenue démesurée du 18-Octobre, s'offrent des terrains encore vagues où l'on installe des parcs à jeux d'une

surface indéfinie. C'est là que s'étalait l'exposition
du livre, dont il resta des cafés et des restaurants
populaires.

Des groupements, vraisemblablement communistes,
avaient imaginé d'y représenter les scènes les plus
tumultueuses de l'histoire de la Révolution française.
Au centre, d'un espace vide d'au moins 5o hectares,
ils avaient dressé une baraque en bois, très grande,
informe, ajourée de fenêtres à balcon, qui figurait
indistinctement la Bastille, le château de Versailles,
l'Hôtel de Ville de Paris, les Tuileries, les prisons de
l'Abbaye. La représentation avait lieu de neuf heures
à minuit. Un public innombrable, debout, maintenu
par des cordes, entourait cette scène géante, se déroul-
ant dans une obscurité complète. Au début, on entendait seulement le brouhaha des figurants au nombre
de deux mille.

A un signal donné, de puissants projecteurs, placés
à la périphérie, éclairaient brusquement les tableaux
successifs dont leurs faisceaux lumineux devaient
suivre les acteurs. Le premier représentait la prise de
la Bastille par le peuple de Paris. Une foule en haillons,
armée de fusils, de pistolets, de sabres, de fourches,
d'épieux se précipite, avec des hurlements féroces,
vers la forteresse défendue par des gardes qui tirent
des fenêtres, s'en empare et délivre les prisonniers.

D'autres tableaux représentaient les femmes courant
enlever la famille royale du château de Versailles,
pour la ramener dans Paris; puis, l'attaque des Tuileries, le 10 août, et l'extermination des Suisses; les
massacres de l'Abbaye; la guillotine en permanence
sur la place de la Révolution, etc.

Ces scènes tragiques se passaient au milieu d'une action intense, furieuse de toute la figuration.

Un tel spectacle, contemplé par cinquante mille personnes, n'aurait manqué ni de tragique ni de grandiose, si les projecteurs n'eussent pas été presque constamment en panne. C'était la première représentation; elle fut ratée faute de mise au point; et l'enthousiasme révolutionnaire, que les promoteurs voulaient sans doute provoquer, se changea en déception.

Les Foires de Leipzig

Une manifestation plus sérieuse et surtout plus utile de la vitalité de Leipzig, ce sont ses Foires bisannuelles.

L'origine de ces Foires, aujourd'hui les plus importantes du monde entier, remonte au treizième siècle; le six cent cinquantième anniversaire en a été célébré au printemps de 1918, en pleine guerre.

Primitivement, c'était un échange de marchandises. Acheteurs et vendeurs d'Europe et d'Asie y venaient troquer leurs produits. Les facilités de communication dues aux chemins de fer frappèrent peu à peu de déchéance ce genre de trafic; mais comme les habitants de Leipzig sont d'une ténacité rare, ils trouvèrent le moyen de revivifier cette institution en la transformant en une exposition bisannuelle d'échantillons de toutes sortes.

Cette renaissance ne date que d'une trentaine d'années, et, depuis lors, le succès des Foires de Leipzig n'a fait que grandir. Au printemps de 1914, on y compta 4 253 exposants; ce nombre fléchit d'abord pendant les premières années de guerre, puis se releva peu à peu et, aussitôt la paix conclue, la marche en avant s'affirma avec une telle rapidité que toutes les installations créées antérieurement pour recevoir, soit les exposants, soit les visiteurs, se montrèrent insuffisantes. On vit affluer successivement 3 600 exposants au printemps de 1918, puis 5 500 à l'automne, 8 200 au printemps, puis 9 400 à l'automne de 1919 : 12 300 au printemps de 1920 et depuis lors le chiffre de 14 000 est régulièrement dépassé.

Le nombre des visiteurs a suivi une progression parallèle et non moins accentuée, puisqu'il a passé d'une vingtaine de mille au printemps 1914 à plus de 140 000 dans les dernières Foires et pendant une seule semaine.

De quoi est fait un succès aussi extraordinaire? De deux causes qui s'additionnent : 1° au début les objets apportés à la Foire n'appartenaient qu'à une catégorie limitée de productions. Successivement on l'a ouverte à des articles nouveaux, et aujourd'hui la Foire englobe tous les produits imaginables et de tous pays; 2° l'extrême variété des types et le renouvellement incessant des modèles excitent d'une façon permanente la curiosité des acheteurs éventuels. Car nous ne devons jamais cesser d'observer que la caractéristique de l'industrie allemande est de modifier sans relâche, d'une année à l'autre, les articles qu'elle lance dans la circulation. Chaque visiteur venant à Leipzig est donc certain d'y trouver toujours des nouveautés inédites; et comme à la faveur de la baisse du mark le voyage, le séjour et les achats sont bon marché, on s'y précipite.

Ajoutons enfin à ces motifs d'attraction une publicité formidable et une merveilleuse organisation à laquelle chacun apporte son concours, les pouvoirs publics comme les particuliers, les chemins de fer aussi bien que les montreurs d'attractions. La Foire est pour Leipzig le grand événement auquel tout le monde se prépare, et longtemps d'avance.

Tenant compte de l'universalité naturelle des produits admis à cette présentation bisannuelle, l'administration la divise aujourd'hui en deux sections distinctes : *A*, la foire des marchandises générales; *B*, la foire technique qui comprend l'outillage de l'industrie et de la construction.

Les palais de la Foire

Voyons comment on a réussi à faire face à un tel déluge d'exposants, non moins qu'à une si extraordinaire variété d'objets.

Un premier palais permanent pour la Foire fut construit dans l'intérieur de la ville vers 1890; il fut bientôt suivi de beaucoup d'autres, de plus en plus vastes et décoratifs; on les appropria méthodiquement à recevoir chacun tels ou tels articles et on les munit, suivant leurs destinations, des aménagements les plus perfectionnés : nombreux postes téléphoniques, vestiaires, salles de conférences, locaux réfrigérés, restaurants, salons de coiffure, etc., etc. Des soins tout particuliers furent apportés à l'éclairage et la dispo-

Foire de Leipzig. — Pyramide de réclames.

sition intérieure des stands fut étudiée minutieusement
eu égard aux articles qu'ils doivent recevoir, à la
commodité des manutentions et à l'affluence présumée
des visiteurs.

Avant la guerre, plus de 75 millions de marks
furent dépensés en immeubles et installations durables,
uniquement affectés aux Foires. Pendant la guerre
même, on bâtit deux nouveaux palais qui coûtèrent
7 millions de marks. A cette même époque fut fondée
l'*Association des intéressés à la Foire de Leipzig* qui,
débutant avec 423 membres, en compte à ce jour
environ 10000 dont 11 p. 100 d'étrangers.

Le nombre des immeubles destinés aux expositions
s'élevait déjà à plus de 80, dispersés presque tous
dans les divers quartiers de la vieille ville. Ces immeubles appartiennent les uns à la Ville de Leipzig, d'autres
à des Sociétés industrielles ou bancaires, d'autres à
des particuliers, d'autres même à des associations
étrangères. On en était là lorsqu'on résolut d'ajouter
aux éléments de trafic la technique industrielle et
tout ce qui touche à la construction.

Cette nouvelle série d'objets, dont quelques-uns sont
d'un volume et d'un poids considérables, fut logée
dans les bâtiments spacieux qui avaient servi aux
expositions internationales du bâtiment en 1912 et du
livre en 1914 (cette dernière interrompue par la guerre).
Ces installations occupent une surface immense dans
la partie est des nouveaux quartiers de la ville.

Il faut ajouter, pour être complet, qu'outre les
deux grandes réunions de mars et de septembre, il se
tient encore à Leipzig plusieurs Foires spéciales :
une Foire au premier de l'an, une à Pâques et une à

la Saint-Michel pour les fourrures, le cuir et la bros-
serie, une autre enfin au mois de mai pour la librairie,
les arts graphiques et la musique.

Malgré tout, le nombre des exposants s'accroissant
plus vite que la superficie des locaux mis à leur disposition, il a fallu construire hâtivement de nouvelles
installations provisoires; c'est ainsi que nombre de
places publiques et de squares sont encombrés de
grandes et lourdes baraques en bois qu'on laisse à
demeure et dont l'effet à travers la ville est moins
qu'esthétique. Heureusement Leipzig est la ville
d'Europe la plus largement dotée en espaces libres.

Une tour géante

Toutefois, ces expédients temporaires ne satisfont
pas les Allemands qui n'aiment ni les demi-mesures,
ni les petits paquets ; aussi ont-ils étudié une solution
colossale qui sera prochainement réalisée. Elle consiste
à construire une tour qui rappelle assez les formes que
des illustrations anciennes de la Bible attribuaient à la
Tour de Babel. Cette masse aura 68 mètres de diamètre
à la base et 27 mètres à la coupole vitrée qui, du
sommet, éclairera l'intérieur. Sa hauteur sera de
128 mètres divisés en trente étages. 30 000 mètres
carrés seront disponibles pour 4 500 stands d'exposition, plus 14 500 mètres carrés pour les couloirs de
circulation; 5 000 mètres carrés en sous-sol et
2 000 mètres carrés au rez-de-chaussée seront réservés
pour des cafés et restaurants. Le tout sera desservi
par 14 escaliers, 8 ascenseurs ordinaires et 14 ascenseurs
express. Cet édifice, d'autre part, doit se relier par

une voie souterraine aux gares de marchandises, et de voyageurs. Le devis s'élève à 100 millions de marks (d'avant-guerre). Une maquette de ce gratte-ciel a été construite, exposée et reproduite en cartes postales.

Les logements

Mais l'armée des visiteurs ne peut se concentrer deux fois par an à Leipzig qu'à la condition d'y trouver des logements. Si nombreux qu'y soient les hôtels, on ne peut pas les concevoir comme pouvant contenir 150 000 personnes pendant quinze jours et le dixième de ce chiffre le reste de l'année. Aussi le logement des étrangers chez l'habitant est-il traditionnel à Leipzig, pendant les Foires. Logeur et logé y trouvent également leur compte. Dès lors, il est bien peu de ménages qui ne réservent une ou plusieurs chambres, généralement confortables, aux voyageurs. On n'a d'ailleurs qu'à s'adresser à l'Administration de la Foire qui fixe les prix et y envoie les clients. C'est là un service parfaitement organisé.

Mais il en est bien d'autres encore, tels ceux des assurances, du gardiennage, de la police chargée de faire exécuter les règlements précis et rigoureux que les exposants doivent observer. Ainsi il est formellement interdit de vendre et de livrer à qui que ce soit le moindre échantillon exposé. L'infraction à cette règle entraîne pour le délinquant son expulsion de la Foire.

La publicité

Le service annexe le plus pittoresque et le plus animé est celui de la fabrication des affiches-réclames fixes ou portatives et la location des porteurs, car le développement de ce genre de publicité constitue un spectacle unique au monde. Tous ceux qui y assistent pour la première fois sont littéralement ahuris du mouvement, de l'animation, de la foule compacte qui encombre les rues. Qu'on me permette de reproduire les lignes de mon *Allemagne au travail* : « La réclame surtout prend des formes homériques et grotesques. A toutes les fenêtres sont accrochés oriflammes, drapeaux, inscriptions, affiches; des processions interminables et continuelles, véritables mascarades d'hommes sandwiches, de porte-bannières, de monstruosités de cartons figurant des objets de tout acabit, des voitures chargées d'échantillons, et sur les places des pyramides menaçantes de rochers en stuck, couvertes de noms de firmes et de boniments hyperboliques. Tout se heurte là à ce que des imaginations en délire peuvent imposer aux yeux de bizarre et de truculent. »

CHAPITRE V

Hambourg

en 1919 — en 1922

Qui a vu le port de Hambourg pendant l'année après l'armistice, puis l'a visité en 1922 a éprouvé une des grandes surprises de sa vie.

Je ne décrirai pas de nouveau l'immensité, l'organisation incomparable, l'outillage surabondant et les agrandissements successifs et méthodiques de cette métropole maritime, la première de l'Europe et la mieux installée du monde. Tout ingénieur qui s'occupe de choses maritimes devrait avoir constamment sous les yeux ce modèle que ni Londres, ni New-York, ni Rotterdam, ni Anvers ne sauraient égaler, parce qu'il n'y a jamais eu dans aucun autre port un plan d'ensemble initial, scientifiquement dressé et rigoureusement poursuivi au fur et à mesure des accroissements du trafic. C'est un exemple unique d'harmonie parfaite entre l'organe et la fonction.

Or, au début de 1920, on pouvait croire abolie pour jamais la fonction de ce prodigieux organisme.

Je me souviendrai toujours, l'ayant vu maintes fois en activité croissante avant 1914, de l'impression de

vide et de néant que j'éprouvai en y arrivant à la fin
de 1919.

Dans les bassins intérieurs, on pouvait voir des centaines de remorqueurs désarmés, dans les suivants,
sur des kilomètres de longueur, des péniches et des
chalands abandonnés; sur les quais, une forêt de
grues et de klippers immobiles, menacés par la rouille;
des entrepôts fermés, des voies ferrées sans locomotives et sans wagons. De loin en loin une équipe isolée
travaillait à quelque démolition, et de temps en temps
un coup de sirène, annonçant une vedette en marche,
tenait lieu de ce hurlementcontinu, strident, de sifflets
et d'avertisseurs qui remplissait naguère les deux mille
hectares du port de Hambourg.

Plus loin, le long des môles affectés aux grands
vapeurs, çà et là quelques paquebots que l'on s'empres-
sait de mettre en état afin de les remettre aux Anglais
qui n'admettaient aucun moratorium pour ce genre de
livraison. Je me rappelle la hâte avec laquelle on
démontait le fameux dock flottant de 300 mètres de
long qui avait été construit pour recevoir le *Bismark*.
Il fallait à la marine anglaise le dock et le *Bismark*.
qui n'étaient même pas ni l'un ni l'autre encore achevés.
Les chantiers maritimes n'avaient pas d'autre occupation.

Deux années ont passé, et pour les Hambourgeois
tout cela n'est plus qu'un cauchemar dont le souvenir
s'efface dans le lointain. Ils ont en quelques mois
rétabli et ranimé le Hambourg de 1913.

Le trafic antérieur est revenu et l'activité des chantiers a considérablement augmenté. Il importe de

refaire une flotte pour un commerce que l'on prévoit plus actif que jamais.

Déjà on se plaint de l'encombrement du port et l'on projette de créer de nouveaux bassins dont les plans sont préparés depuis longtemps dans les bureaux de l'Administration des Travaux publics de la République hanséatique, et les négociations sont entamées avec l'Etat prussien parce que l'emplacement de ces bassins, qui suivent en aval le cours de l'Elbe, sortent du territoire de l'État de Hambourg.

On fait souvent remarquer que Hambourg, la plus grande ville d'Allemagne après Berlin, est située dans le plus petit État du Reich.

La vieille République hanséatique ne couvre que 41 500 hectares, desquels la ville de Hambourg occupe déjà depuis 1919 13 400 (le double de la superficie de Paris). Cette situation donne dès longtemps une tablature des plus difficiles au Sénat, puisqu'elle fait obstacle non seulement aux agrandissements de la ville et du port, mais encore à une foule de créations extérieures nécessaires à une cité d'une telle importance.

C'est ainsi que la question des eaux d'alimentation a toujours été un casse-tête chinois pour les bourgmestres. L'eau de l'Elbe, même filtrée, n'est pas hygiénique et la ville n'a pas le droit d'aller chercher de l'eau pure dans le Hartz, ni dans le Holstein. On a résolu partiellement le problème à l'aide de quelques puits artésiens dont la profondeur varie de 68 à 285 mètres et dont on mélange, dans un immense réservoir, les eaux très saines à celles du fleuve. Mais cet expédient n'est plus considéré comme acceptable et, en 1919, le Sénat a adopté, après des sondages multipliés, un projet qui alimentera la ville avec des eaux souterraines jusqu'à concurrence des trois quarts de ses besoins. Les plans, d'ailleurs très onéreux, prévoient le service d'une agglomération de 2 millions et demi d'habitants; ce qui démontre suffisamment que Hambourg n'a point perdu l'espoir d'un brillant avenir; attendu que la population n'était en 1880 que de 400 000 habitants et, en 1920, c'est-à-dire quarante années seulement après, de 1 100 000, sans compter la ville prussienne d'*Altona* et les faubourgs de *Harbourg* et de *Barmbeck* qui en contiennent ensemble bien près d'un demi-million.

Projets d'agrandissements

Si les Hambourgeois ne se préoccupaient que de construire les unes à côté des autres des maisons de cinq à six étages, le long de rues étroites et interminables, la place ne leur manquerait pas. On a pu déjà, depuis la guerre, édifier dans la ville plus de 5 000 immeubles et ce mouvement ne se ralentit pas; la dépense s'est élevée à plus d'un milliard, dont plus de 600 millions en 1922. Mais on ne parvient pas à se tenir au niveau de l'accroissement de la population. En 1920, on comptait 276 586 habitations, dont pas une n'est inoccupée, et l'on estime à une quarantaine de mille les gens qui n'ont pas de logis. Or, les principes allemands sur l'urbanisme proclament que, pour la bonne tenue d'une grande ville, il doit toujours s'y trouver au moins 4 p. 100 de logements vides, soit, pour Hambourg, 10 000; ce sont donc vingt mille loge-

HAMBOURG. — Les grands immeubles pour bureaux d'affaires.

ments (à quatre têtes par logement) qui manquent encore.

D'autre part, à mesure qu'augmente le nombre des citadins, il faut que s'accroissent aussi les surfaces de plein air. C'est une loi d'hygiène avec laquelle les Allemands ne transigent pas.

On a pu l'observer à Leipzig ou à Essen, par exemple, qui ont pourtant grandi plus rapidement encore que Hambourg, car ces villes taillaient en pleine Saxe ou en pleine Prusse et obtenaient aisément des lois d'expropriation au delà de leurs faubourgs; mais le bourgmestre de Hambourg ne peut pas décréter des expropriations dans les États voisins, et c'est lui-même qui, regardant ses plans et le petit territoire informe qui reste encore libre, se lamente en disant qu'il ne voudrait pas que sa ville ressemblât à un polype.

L'urbanisme

En dépit des entraves et des mauvais jours que la ville a traversés pendant la guerre, le Sénat n'a jamais cessé de l'assainir et de la décorer.

Avant la guerre, il avait adopté le projet d'un magnifique parc municipal de 180 hectares au nord de la cité. La dépense prévue était d'une dizaine de millions. Cette installation est à cette heure en voie d'achèvement avec sa forêt, son lac, ses pelouses, ses avenues, ses restaurants, son stade olympique et sa tour haute de 60 mètres d'où la vue embrasse la ville et ses environs. Plusieurs lignes de tramways et deux stations du chemin de fer métropolitain le desservent.

Pendant le même temps, c'est-à-dire depuis 1914, un autre parc a été aménagé à l'est de la ville, plus spécialement pour les enfants et la jeunesse; on y voit tous les jeux de plein air imaginables et il renferme, en outre, une vaste collection d'arbres fruitiers et de plantes d'ornement.

Enfin, depuis deux ans, trente à quarante mille familles ont occupé 1 350 hectares de petits jardins ouvriers que la Ville a mis à leur disposition, leur fournissant en outre des jardiniers de profession pour leur apprendre à les cultiver.

Les habitations à Hambourg se portent de plus en plus vers le nord, tandis que les affaires, les travaux maritimes et l'industrie jalonnent les bords de l'Elbe, c'est-à-dire le sud. Cette disposition tout à fait rationnelle est d'ailleurs imposée par les règlements. De même que dans la vieille ville on a démoli les maisons insalubres et remplacé les rues étroites et sombres par de larges artères dont la fameuse rue Monckeberg est le type grandiose, de même la municipalité autorise aux immeubles consacrés aux affaires des proportions énormes en hauteur et en profondeur, et interdit formellement aujourd'hui dans les quartiers destinés aux logements des maisons de plus de deux étages.

Les grands immeubles d'affaires de Hambourg sont une des curiosités de l'Allemagne, grâce à leur architecture monumentale, à leurs dispositions remarquablement étudiées en vue de leur destination et à l'emploi généralisé des ascenseurs à marche continue analogues à des chaînes à godets verticales.

Ces ascenseurs auxquels on donne, j'ignore pourquoi, le nom de *Paternoster*, sont plus pratiques que

les ascenseurs américains les mieux imaginés. C'est
incalculable ce qu'ils vous économisent de temps. Et
pourtant, à peine en rencontre-t-on çà et là quelques-
uns dans les autres villes.

Les immeubles portent à la fois un numéro et un
nom ; celui qui les domine tous par ses dimensions est
le Palais de la Compagnie *Hamburg-Amerika*, sur
l'Alster, qui fut terminé pendant la guerre, en dépit de
l'arrêt absolu, à cette époque, des services maritimes
auquel le directeur Ballin n'eut pas le courage de sur-
vivre. D'autres sont le siège de Palace-Hôtels, comme
l'*Esplanade* ou l'*Atlantic*, acquis par le Konzern
H. Stinnes. Le plus somptueux et le plus vaste des
hôtels de Hambourg fut longtemps l'*Hamburgerhoff*,
également sur l'Alster ; il a été acheté l'année dernière par le même Hugo Stinnes qui l'a désaffecté et
aménagé en bureaux pour ses gigantesques entreprises commerciales et maritimes.

La circulation à Hambourg est assurée naturellement par une multitude de tramways électriques et,
plus rapidement encore, par le *métropolitain* (le Hoch-
bahn) aérien, dont le tracé a été tout particulièrement
étudié pour dégorger les quartiers maritimes et industriels du sud et le centre des affaires de la ville
ancienne et transporter au loin les travailleurs dans
leurs demeures suburbaines entourées de jardins.
A cet effet, après avoir desservi dans un circuit complet la ville intérieure, il projette des embranchements dans quatre directions divergentes à travers la
campagne.

L'Université

L'État de Hambourg a manifesté récemment de toutes les manières sa foi dans ses destinées. C'est au cours de l'année 1919, pendant cette période de marasme qui faisait croire aux Anglais que, s'étant emparés de la flotte de commerce allemande, ils avaient pour toujours abattu leurs rivaux, que fut fondée l'*Université de Hambourg*, s'ajoutant ainsi aux vingt et quelques Universités existant déjà en Allemagne.

A vrai dire, cette création fut surtout la mise en commun des divers instituts ou établissements d'instruction isolés qui étaient jusque-là dispersés dans la ville.

Ainsi que l'a écrit le recteur George Thelenius, « *l'Université de Hambourg doit se conformer au type de toutes les autres, mais elle tiendra compte, dans son enseignement et dans ses buts, de la situation particulière de Hambourg dans le monde et des questions nouvelles que les événements ont posées.* »

Elle a absorbé la bibliothèque de la Ville, fondée au dix-septième siècle, qui contenait plus de 600 000 volumes et 10 000 manuscrits et aussi la riche bibliothèque commerciale des anciens marchands de la Hanse ; elle dirige désormais les instituts de mathématiques, de chimie, de physique, de botanique, ainsi que les laboratoires d'étude des denrées qui eux-mêmes avaient été organisés à la fin du siècle dernier, l'observatoire astronomique et météorologique, ainsi que la station de recherches sur les tremblements de terre, les musées de géologie, de zoologie, de pisciculture.

Mais les fleurons de sa couronne sont le *Museum für Vœlkerkunde* (musée des arts manuels chez tous les peuples et à toutes les époques), collection célèbre qui attire à Hambourg tant d'hommes curieux de s'instruire sur la géographie ethnique et politique dans le monde entier ; le *Musée historique* de Hambourg ; l'*Institut d'hygiène et de médecine* qui régit l'immense *hôpital d'Eppendorf*, situé dans la forêt du même nom, au nord de la ville ; enfin l'*Institut colonial*, qui comprend celui des maladies tropicales.

Ces diverses fondations sont logées dans de spacieux monuments, presque tous de construction récente, répartis en divers points de la ville. Plus de deux cents cours différents, dont un grand nombre publics, réunissent chaque année 15 000 à 16 000 auditeurs, venus de partout. Un édifice central imposant, inauguré l'année dernière, est le siège de cette Université qui représente à cette heure le foyer le plus actif d'enseignement de la géographie, des langues, de la politique, de la législation et des ressources matérielles de tous les peuples.

L'expansion

Les relations qui s'établissent entre les membres de l'Université, dont beaucoup sont des ingénieurs, des géographes, des armateurs, des pionniers, tout aussi bien que des savants professionnels, et leurs élèves de toutes les parties du monde donnent naissance à une propagande en faveur de l'Allemagne d'une puissante efficacité. Nombre d'étudiants ou d'auditeurs libres qui se destinent aux affaires transocéaniques deviennent au loin des correspondants de l'Université de Hambourg qui les charge de recueillir des renseignements d'une haute précision sur les pays d'outre-mer, et les pourvoit gratuitement de toutes les instructions et du matériel nécessaires à des observations scientifiques et pratiques dans les régions peu connues. Cette documentation centralisée à Hambourg est communiquée aux Chambres de commerce, aux commissionnaires, aux exportateurs, et devient la base solide sur laquelle s'étaie leur réussite à travers le globe.

On va voir que les résultats de tels efforts ont déjà dépassé toutes les espérances, par un simple aperçu sur les perspectives que s'ouvre en ce moment le commerce allemand. L'énorme débouché que représente la République chinoise est presque complètement desservi par l'Allemagne qui a eu la prévoyance d'y maintenir et d'y payer régulièrement ses agents pendant toute la guerre. Ceux-ci ne cessèrent d'étudier le pays et procurèrent à leurs compatriotes une documentation sans précédents.

Depuis peu l'Allemagne a installé à Shanghaï une Centrale électrique et une fabrique d'outillage électrique ; elle a construit pour Pékin tout un matériel de tramways immédiatement après la déconfiture de la Banque Industrielle de Chine ; elle a pourvu de métiers à tisser de nombreux ateliers dans la capitale ; Hugo Stinnes a installé dans toutes les grandes villes chinoises des représentants de son Konzern.

Ces agents de l'Allemagne ont acquis une connaissance de la langue, des mœurs, des croyances, des coutumes, des préjugés qu'aucune autre nation ne saurait égaler. Aussi les fonctionnaires chinois sont-ils foncièrement germanophiles, et l'Allemagne a conquis, comme fournisseur de cet immense pays, une supériorité que personne ne pourra lui ravir.

Il en est exactement de même en Russie, où 90 p. 100 des représentants de commerce sont allemands.

Les chantiers navals

Les chantiers navals de Hambourg n'ont cessé de s'accroître en nombre et en puissance de production depuis le commencement du siècle.

Les plus importants, ceux de *Blohm et Voss*, s'étaient considérablement agrandis vers 1911 ; ce furent eux qui construisirent en 1913 le *Vaterland*, puis en 1914 et pendant la guerre, le *Bismarck* de 56 000 tonnes, les deux plus grands paquebots du monde que naturellement les Anglais s'approprièrent par le traité de Versailles [1].

Pendant cette même période les célèbres constructeurs de Stettin, les *Vulkan Werke*, qui y occupent 1 600 000 mètres carrés et 20 000 ouvriers, créaient à leur tour des chantiers sur l'Elbe, à très peu de distance de Blohm et Voss. De cette firme sont sortis depuis cinquante ans à la fois des cuirassés, des croiseurs, des torpilleurs, des sous-marins et, d'autre part, des paquebots à grande-vitesse, en particulier l'*Imperator*, des cargos, des ferry-boots pour trains de chemin de fer, des bateaux briseurs de glaces, des remorqueurs, etc. Les

1. *L'Allemagne au travail*, p. 234 et suiv.;— *Derniers Progrès de l'Allemagne*, p. 232 et suiv.

établissements de Vulcan sont en liaison avec Gelsenkirchen et, par là, font partie du Konzern de Stinnes.

On pouvait penser que ces deux grands établissements, auxquels s'ajoutent une dizaine de chantiers
de moindre importance, suffiraient désormais, dans le
port de Hambourg, à la construction des navires allemands ou étrangers. Il n'en fut rien.

Une autre installation y vint prendre place en pleine
guerre.

Lorsque, du milieu du fleuve ou des pontons d'Altona,
on regarde vers l'aval, on voit se dresser sur l'horizon
la haute et longue silhouette des transporteurs aériens
que les ingénieurs allemands élèvent dans les grands
chantiers au-dessus des cales sèches ; ce sont les
Deutsche Werft (chantiers navals allemands) dont la
fondation en 1918 est l'œuvre du puissant Konzern
Haniel qui comprend la Gutehoffnungshütte d'Oberhausen (mines, hauts fourneaux et aciéries), l'A. E. G.
(Allgemeine Electricitæts Gesellschaft) de Berlin et
la compagnie de navigation Hamburg-Amerika, dont
Haniel est aujourd'hui le personnage le plus influent.
Une de nos figures représente la disposition d'un de
ces transporteurs aériens composé de sept ponts roulants, sur lesquels circulent, à 40 mètres en l'air, sept
grues mobiles dont la volée peut décrire un cercle tel
qu'elles peuvent lever ou déposer un fardeau en un
point quelconque de la cale sèche sur une coque en
construction.

La première fois que je vis ces appareils, en 1909,
j'en parlai sans retard à l'un de nos ingénieurs en chef
des constructions navales, qui me répondit : « C'est là
le meilleur outillage pour construire vite et bien, mais

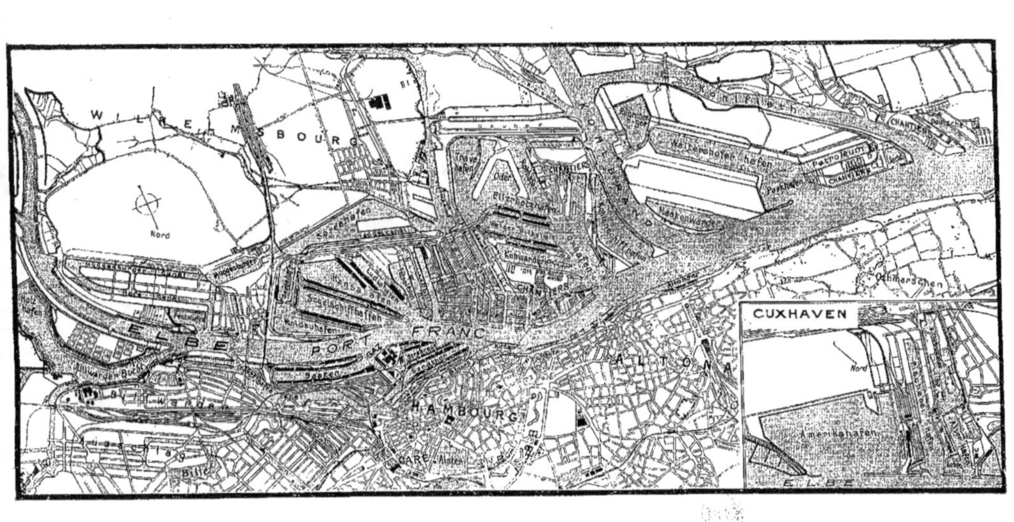
WILHELMSBOURG
Nord
ELBE
PORT FRANC
HAMBOURG
ALTONA
GARE
CUXHAVEN
Nord
Amerikahafen
ELBE

comme il est très coûteux, il faut avoir, pour l'amortir, de nombreuses et régulières commandes de navires, et ce n'est malheureusement pas notre cas. »

Sous l'impulsion de telles puissances industrielles les Deutsche Werft ont pris place d'emblée parmi les plus grands chantiers du monde. Ils construisent tout aussi bien leurs chaudières, leurs machines et leurs moteurs Diesel que les coques et les docks flottants, et l'on saisit là sur le fait la réalisation d'un Konzern qui, partant de la houille et du minerai, fabrique tout ce qui entre dans la construction d'un bateau et exploite simultanément la ligne de navigation où s'inscrivent des navires.

Les Deutsche Werft se sont installés dans la presqu'île de Finkenwarder, à la limite de l'État de Hambourg, sur un espace de 83 hectares. Une première partie de l'établissement comprend 6 cales sèches pour navires jusqu'à 120 mètres de long, plus 2 docks flottants pour bateaux de moyen tonnage; l'autre partie des chantiers est affectée aux grands liners et aux cargos géants, jusqu'à 280 mètres de longueur, que l'on y peut construire à raison de 9 de front.

Là se trouvent aussi les ateliers de construction des chaudières et des machines, les fonderies pour tous métaux, cuivre, aluminium, etc., les forges, les ateliers de charpente, de menuiserie, de plomberie, de tuyauterie, etc.

Les navires lancés trouvent dans le chantier tout ce qui est nécessaire à leur armement.

Dans un autre compartiment sont les ateliers et docks pour réparations des navires.

Des grues roulantes ou fixes, dont une de 75 tonnes
avec une portée circulaire de 100 mètres, complètent
l'outillage. L'énergie nécessaire à cet ensemble, qui est
de 10 000 chevaux, vient de la Centrale électrique de
Hambourg.

Les Deutsche Werft ont en outre acquis depuis le
début de leur exploitation en 1921, un autre vieux
chantier hambourgeois qui possède 4 cales sèches
pouvant construire des navires jaugeant jusqu'à
8 000 tonneaux.

En somme, les Deutsche Werft disposent de 19 cales
sèches pour navires depuis 2 000 jusqu'à 35 000 tonnes,
à peu près toutes occupées.

Il a fallu en outre trouver des logements pour les
8 000 ouvriers qui travaillent dans ce faubourg éloigné
de 4 kilomètres des lieux habités ; la firme a donc
entrepris l'édification de plusieurs centaines de maisons ouvrières avec jardins.

Cette vaste entreprise industrielle a été achevée
en moins de trois ans et, dès sa première année d'exploitation, elle a mis à flot 9 cargos de 7 500 à
8 000 tonneaux, 3 docks flottants de 4 000 tonneaux,
3 cargos de 2 000 tonneaux, 4 chalutiers à vapeur,
3 navires de faible tonnage et 2 bateaux citernes à
moteur.

D'ailleurs, tous les chantiers maritimes allemands
travaillent à plein pour reconstituer la flotte nationale
qui avait été, sur l'insistance de l'Angleterre, dépouil-
lée des neuf dixièmes de son tonnage de 1913. De
5 000 000 il était alors réduit à moins de 600 000. Mais
les Allemands n'ont pas tardé à remarquer que cette
situation leur permet d'établir des unités des tout der-

niers modèles, de les construire en série, de n'employer que des matières premières d'origine allemande, et de bénéficier, grâce au taux du mark, d'un marché de main-d'œuvre auquel aucuns concurrents étrangers ne sauraient atteindre. Conséquemment, à Wilhelmshafen, à Bremerhafen, à Kiel, à Stettin, à Dantzig même où l'industrie allemande continue à dominer, les cales sèches regorgent d'unités en construction. A peine un navire est-il lancé que le lendemain un autre est mis en chantier.

Les compagnies de navigation

Les statistiques confirment ce réveil en sursaut de l'activité navale allemande ; on les trouve consignées mois par mois dans le remarquable *Bulletin de la Chambre de commerce française* à Mayence, qui, sous la direction du colonel *Meunier*, est la source la meilleure et la plus exacte où nous puissions puiser des renseignements sur les faits économiques d'outre-Rhin.

Voici ce qu'on lit dans le numéro du 1er octobre 1922, en ce qui touche les compagnies de navigation maritime en Allemagne :

— La Hamburg Amerika disposait, au 1er janvier 1922, de 408030 tonnes brutes, comprenant 43 navires en service et 42 en construction, ce qui représente 1/3 de sa flotte d'avant-guerre. Dans son rapport sur l'exercice 1921, le directeur Cuno se félicite de ce résultat de la manière suivante :

« Sans doute, nous sommes encore loin de la situation de 1913 où la flotte de la compagnie s'élevait à 1 360 760 tonnes, mais l'étape déjà parcourue, quoique

modeste, témoigne de l'esprit de continuité qui préside
à nos travaux et atteste un effort vigoureux de volonté. »

*Cette phrase typique pourrait s'appliquer à toutes les
compagnies de navigation allemandes; elle montre l'intensité de l'effort qu'elles ont accompli.*

En veut-on de nouvelles preuves?

*26 lignes allemandes font actuellement escale à Anvers,
alors que l'on en comptait 73 avant la guerre; 14 d'entre
elles ont fait leur apparition depuis janvier 1922.*

*Pour fournir ce développement rapide de leur pavillon,
les armateurs ont employé trois moyens principaux :*

*1° Accord avec la grosse industrie, dans le but de s'as-
surer une livraison privilégiée des matières premières destinées à la construction maritime, et d'obtenir la préfé-
rence pour les chargements;*

2° Concentration de l'armement en quelques mains;

3° Alliance avec les compagnies étrangères.

*Ils s'assuraient ainsi un fret avantageux et se garantis-
saient contre la concurrence intérieure ou extérieure.*

*L'accord de l'armement et de l'industrie allemande est
la base même du programme économique de l'Allemagne.*

*Méditant l'adage bien connu : « la marchandise suit le
pavillon », les négociants d'outre-Rhin savent que, pour
placer leurs produits sur le marché mondial, il leur faut
une flotte nationale.* « Il faut remettre l'Allemagne sur la
mer », *disait le Conseiller intime Cuno, directeur de la
Hamburg-Amerika Linie, successeur de Ballin, dans une
conférence faite à Breslau en février* 1922. « Il faut,
ajoutait-il, que nous arrivions à transporter sur nos
propres navires les matières premières dont nous avons
besoin; il faut que l'Allemagne figure parmi les nations
qui possèdent leur propre flotte, car l'histoire enseigne

depuis longtemps que les peuples qui sont refoulés de la mer dépérissent rapidement et deviennent des puissances de troisième ordre. »

Hugo Stinnes et Thyssen l'ont compris et n'ont pas marchandé leur participation aux entreprises maritimes. Le conflit qui mit aux prises Hugo Stinnes et la Hamburg-Amerika Linie, n'est qu'un incident particulier qui ne modifie pas ces accords d'ensemble. On sait, en effet, que Hugo Stinnes ayant organisé un service concurrent sur l'Amérique sans s'être concerté auparavant avec la Hamburg-Amerika, cette compagnie prit ombrage du procédé et refusa de réélire Hugo Stinnes dans son conseil d'administration.

Mais le grand industriel allemand conserva des intérêts dans d'autres sociétés allemandes de navigation, telles que la Deutsche Ost-Afrika Linie, la Woermann Linie, *la* Hamburg Verkehr, *les* Deutsche Werft; *ces derniers grands chantiers, construits depuis la guerre.*

La liaison entre le producteur et le transporteur reste entière. La concentration de la navigation allemande en quelques mains puissantes a commencé et continue à se faire par des ententes amiables entre les compagnies intéressées, ou par des participations qui aboutissent à une interpénétration réciproque.

Citons, dans ce sens, l'accord intervenu entre la Deutche Australische Dampfschiffahrts Gesellschaft *et la* Kosmos Linie, *d'une part, et la* Funke Konzern, *d'autre part. Cet accord prévoit la conduite en commun des travaux de reconstruction pour les deux compagnies maritimes, ce qui représentera une réduction importante des frais.*

« Quelles sont les causes de cette prospérité de la marine allemande?

« *La principale est la baisse du mark. L'équipage, l'approvisionnement du navire, les frais de réparation, l'entretien, tout ce qui, en un mot, constitue les dépenses d'exploitation, est payé eu marks. Les recettes de fret continuent à être perçues en livres ou en dollars, car le marché international des frets a conservé la monnaie qui se rapproche le plus de l'or et qui, d'ailleurs, est celle des pays les plus riches en tonnage. Est-il surprenant, dans ces conditions, que la marine allemande soit prospère quand les autres dépérissent?*

« *D'autre part, le traité de Versailles, en exigeant la livraison de la flotte de commerce allemande, a rendu sans le vouloir un très grand service à ceux-là mêmes qu'il désirait affaiblir. M. Cuno, dans sa conférence à la Chambre de commerce de Breslau, s'exprimait ainsi :*

« Le tonnage allemand livré à l'Entente provoque à l'étranger un surcroît d'offres de tonnage ; il pèse lourdement sur les prix de fret, et étouffe l'activité des chambres maritimes. Par contre, les chantiers allemands ont du travail, et les navires qui y sont construits trouvent libre chemin vers la mer. »

Rien n'est plus exact. M. Cuno aurait pu ajouter que les armateurs de l'Entente, surchargés par le tonnage usagé et bientôt démodé livré par l'Allemagne, risquent fort d'être devancés par leurs concurrents d'outre-Rhin. Dans trois ou quatre ans, la marine allemande sera reconstituée avec des navires neufs, munis des derniers perfectionnements, alors que les marines de l'Entente resteront encombrées de tonnage vieilli.

Il faut ajouter enfin que les navires allemands sont payés, en quelque sorte, sur le budget du Reich. 8 mil-

liards de marks ont déjà été dépensés de ce fait par le Trésor allemand, et il y a actuellement quatre nouveaux milliards prévus au budget, pour subventionner les constructions nouvelles...

Il serait superflu de donner des statistiques puisque chaque mois voit naître de nouveaux chiffres. Qu'il suffise de résumer la situation en répétant que la flotte commerciale allemande comprenait en chiffres ronds 5 millions de tonnes avant la guerre, et que le traité de Versailles lui en a laissé quelques centaines de mille. D'autre part, les divers chantiers avaient en 1913 une capacité de production annuelle d'environ 400.000 tonnes. Tant par l'accroissement de ces chantiers que par la suppression de la marine de guerre, la puissance de construction a presque doublé, si bien qu'à la fin de 1922, le pavillon allemand couvrira 2 millions de tonnes, et comme, en outre, les armateurs se procurent constamment des navires étrangers, que le marasme des frêts leur permet d'acheter à bon compte, le tonnage d'avant guerre sera reconstitué dans trois ans.

La propagande

Une étude plus instructive encore serait celle des moyens que non seulement Hambourg, mais aussi le Reich tout entier poursuivent pour regagner leur hégémonie commerciale. Dans ce domaine, les efforts sont tout à fait parallèles et s'étendent à tous les points du globe. La propagande politique et la propagande économique marchent de pair.

En France, nous connaissons la première et nous en

subissons les effets. Son programme est nettement déterminé et scrupuleusement suivi ; il comporte quelques articles que l'on va répétant à satiété, partout,
sous des formes diverses, en insistant sur l'un ou sur
l'autre, suivant le public auquel on s'adresse.

Il y a d'abord la *responsabilité de la Guerre* que l'on
nie imperturbablement auprès de certains peuples et
que l'on déclare à certains autres partagée entre les
Alliés et les Empires centraux, ce qui doit dispenser
ces derniers de toutes réparations.

Vient ensuite *l'impérialisme français* ; légende ré-
pandue à profusion avec une rare ténacité et qui a
pour but de nous faire passer, au lieu et place des pangermanistes, pour les perturbateurs du monde civilisé.

La *honte noire*, c'est-à-dire l'insulte qu'infligent aux
Allemands la présence sur le Rhin de troupes colo-
niales françaises et les méfaits imaginaires dont ils
les chargent ; argument d'une réelle portée surtout sur
les Américains ; les Allemands sachant mieux que nous
le profond mépris des Anglo-Saxons pour les hommes
de couleur. L'évacuation de la Rhénanie est l'objectif
de cette dénonciation.

Quant à la propagande économique, les Allemands
y déploient les mêmes efforts qu'avant la guerre,
mais décuplés par l'ardeur à regagner le temps et le
terrain perdus. Elle tend surtout à frapper les esprits
par le spectacle de la renaissance germanique.

C'est ainsi que se sont déroulées, pendant l'été de
1922, dans tout le pays, une série ininterrompue d'expositions, de foires, de concours, de matchs, de ré-
gates, de « *semaines* » de toutes sortes. Ces manifestations ont pour but de mettre en relief la vitalité de la

Dans le port de Hambourg, un bateau de promeneurs (+ l'auteur),
On remarquera le grand nombre de touristes qui sont nu-tête.

nation et de lui faire une copieuse réclame; elles ont pour cortège des foules compactes au travers desquelles se montrent beaucoup d'étrangers, car l'Allemagne est à cette heure le rendez-vous de visiteurs de tous les pays.

Ce mouvement mérite d'être étudié comme un indice certain du retour à l'activité d'autrefois, décuplée par le désir ardent de regagner les forces et le temps perdus.

La semaine maritime

Si l'on en excepte les foires de Leipzig qui attirent une affluence qu'elles n'ont jamais connue, aucune de ces réunions n'a encore atteint l'importance de la *Ubersee Woche* (la semaine maritime) de Hambourg.

Cette *semaine* se composait simultanément d'une exposition de produits et d'un congrès sur le commerce extérieur mondial inauguré par le président de la République Ebert.

Plus de 100.000 invitations avaient été lancées et les hôtels regorgeaient de voyageurs.

Les journaux de Hambourg publiaient tous des suppléments illustrés à l'occasion de cette solennité ; de plus, quantité de brochures et d'affiches étaient répandues à profusion. On y exposait le but de la Ubersee Woche : « faire connaître à tous que l'Allemagne reprend sa place dans le monde, que sa marine de commerce, un instant désemparée, renaît, que l'exportation allemande est de nouveau prête à se disperser sur toutes les mers et dans tous les pays ». Il s'y mêlait des éloges déclamatoires sur le mérite supérieur de la culture germanique que de très méchantes gens se proposaient d'anéantir ; enfin, on invitait tous les peuples à s'unir pour se laisser guider par les cerveaux allemands dans la voie du progrès.

L'exposition des objets d'exportation s'étalait dans les édifices publics, mis à la disposition des organisateurs de l'Ubersee Woche qui ne sont rien moins que les plus importants armateurs, les professeurs de l'Université et les grands ingénieurs ; mais elle occupait surtout, aménagés à cet effet, les étages supérieurs entiers des immenses magasins de détail de Hambourg. Le nombre, la diversité et la nouveauté de ces articles furent extraordinaires, tous présentés, non par leurs fabricants, mais par les représentants et les commissionnaires de Hambourg seuls.

Au congrès qui se tenait à l'Université, toutes les questions de commerce, d'échanges et de navigation mondiale furent traitées par les compétences les plus autorisées. Les séances se tenaient simultanément dans des édifices publics et l'ensemble des communications forme plusieurs gros volumes.

La librairie allemande d'exportation occupait un étage entier du magasin de nouveautés géant de Tietz, sur l'Alster.

Là un tableau nous apprenait qu'il s'imprime chaque année en Allemagne 32 000 ouvrages, en Angleterre 12 000, aux États-Unis 8 500, en France 6 400. Exacts ou truqués, ces chiffres m'étaient déjà connus, mais j'ai été stupéfié de celui de 36 000 attribué par les Allemands eux-mêmes aux publications éditées par le Japon. Il y a à Hambourg une multitude de Japonais. Avec quel plaisir, on s'en doute, ils constatent leur supériorité ! Autant d'amis pour les Allemands.

Un compartiment entier était consacré à la littérature napoléonienne, et dans toutes les langues : « C'est la plus demandée partout », me dit le préposé. Et tout cela s'imprime à Leipzig.

Dans le centre du hall étaient disposés sur des tables, à la portée du public, des albums grands comme des planches à dessins, qui contiennent des gravures magnifiques de toiles célèbres, rassemblées par musée, et les mêmes formant l'œuvre de chaque grand peintre. On voyait ainsi les collections de Berlin, de la National Gallery, de Florence, de Vienne, de Dresde, de Munich ; mais du Louvre, rien ; et à côté, les albums des œuvres de Rembrandt, de Raphaël, de Michel-Ange, de Vélasquez, de Rubens, de Van Dyck, etc. Quant aux peintres français, on les avait oubliés.

Visite du port

Enfin, des tournées en cars et en bateaux à moteur étaient organisées du matin au soir dans la ville, le port et les environs.

Promenée à travers les splendeurs grandioses d'une cité comme Hambourg, la foule cosmopolite est d'une réceptivité sans limite à cette propagande. Au cours de la randonnée, un cicerone dûment stylé vante en allemand et en anglais — le français est exclu — les beautés devant lesquelles on circule et la grandeur de l'effort allemand. C'est dans la visite des innombrables bassins du port que les dithyrambes atteignent leur apogée.

« Voici un cargo tout neuf de 13 000 tonnes, pro-

clame le guide, qui part pour le Japon. Voyez là-bas
cet énorme paquebot, le plus vaste de Hambourg, il
appartient à la *Hamburg-Sud-Amerika*, et assure deux
fois par mois le service de l'Argentine, du Brésil et
du Chili; voici maintenant les grands liners de la
Hamburg-Amerika Linie, associée à la Compagnie
Américaine Harriman, qui desservent chaque semaine New-York et Boston; ces trois bateaux de
15 000 tonnes, à la cheminée blanc, rouge et noir, portant en écusson deux marteaux entrecroisés, appartiennent à *Hugo Stinnes*; ils font le service de l'Amérique du Sud et du Pacifique. Dans quelques mois
leur nombre aura doublé et l'on prévoit que Hugo
Stinnes deviendra sous peu le plus grand armateur de
Hambourg. » Le public écoute attentif, empoigné; le
cicerone fait observer que l'on voit à Hambourg des
navires de tous les pavillons, des anglais, des hollandais, des italiens, des japonais superbes, des brési-
liens, des danois, des norvégiens, etc.; puis les chantiers gigantesques de Blohm et Voss ou de Vulcan
bondés de coques en construction. Enfin il est dans
le programme de montrer dans un certain bassin, derrière ces monstres de l'Océan, un petit vapeur de
1 200 tonneaux, amarré au quai : « Ça, dit il, c'est un
navire français. »

Voilà, dans toute son intensité, la propagande allemande à laquelle de chez nous personne ne répond.
On peut dire sans phrase que notre propagande est
virtuellement inexistante. Telle est une des causes
pour lesquelles nous sommes isolés dans le monde!

Un détail amusant en guise de diversion. On est
surpris de rencontrer partout en Allemagne tant de

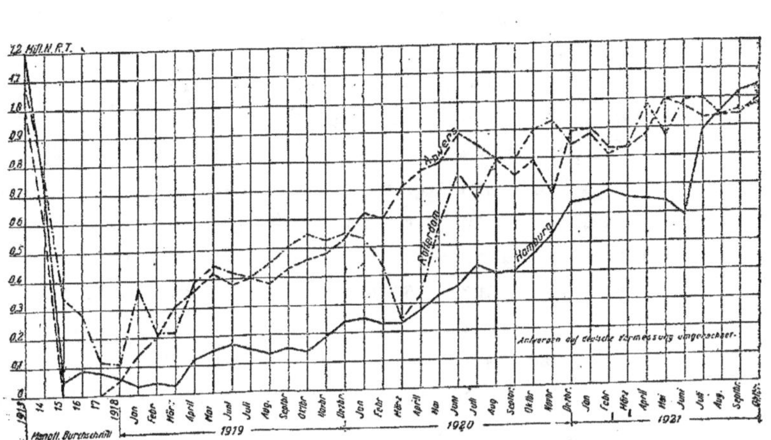

Trafics comparés des ports de Hambourg-Anvers-Rotterdam.
De 1913 à 1918 : trafic mensuel moyen.
De 1918 à 1921 : trafics mensuels.

photographes, professionnels ou amateurs. Il est peu de touristes qui n'aient en bandoulière leur kodak — un kodak allemand, bien entendu. Quand le bateau chargé part pour la visite du port, il se trouve toujours à terre un trépied surmonté d'un objectif qu'un photographe avisé braque sur eux. Instinctivement tous les passagers lui font face.

Une heure après, l'expédition regagne le ponton ; le photographe est là avec des centaines d'épreuves encore tout humides. Chacun en débarquant s'y reconnaît. Autant de voyageurs, autant d'acheteurs et cela se renouvelle une huitaine de fois chaque jour. Ce photographe a trouvé un excellent filon.

Même quand on connaît déjà Hambourg, il faut y consacrer aujourd'hui huit jours au moins, sans perdre une minute, à visiter toutes les nouveautés nées depuis la guerre, sans parler de l'exposition et du congrès maritimes.

Cette ville formidable qui, avec ses faubourgs, compte aujourd'hui plus de seize cent mille habitants, crève de toutes parts les étroites limites de la vieille République hanséatique, d'où des négociations perpétuelles avec l'État prussien, auquel elle demande des terrains pour s'agrandir. Aujourd'hui la Ville propose d'ajouter de nouveaux bassins au port que l'activité intense qui y règne encombre manifestement. Et dire que, quand j'y suis venu en 1920, c'était un désert !

Le voilà revenu aux plus beaux jours de 1913 et n'oublions pas que le mouvement du port de Hambourg est le baromètre de l'activité allemande.

Même observation pour la Gare Centrale. Lors de la mise en exploitation, en 1906, de ce vaste édifice d'acier, c'était dans toute l'Allemagne un cri d'admiration sur ses imposantes proportions et ses aménagements mécaniques inconnus jusque là. Aujourd'hui, chacun se rend compte que, croyant faire immense, on a encore fait trop petit par rapport au développement inouï de la ville. Et l'on projette de nouveaux travaux d'agrandissements.

Parmi les expositions d'objets à exporter éparses à travers la ville, citons d'abord les innombrables appareils de mécanique, chauffage, électricité, agriculture, chimie, ménage, qui accaparent quatre étages de l'Institut technique, vaste bâtiment créé pendant la guerre. La caractéristique des collections est la nouveauté de presque tous ces articles que couvrent des milliers et des milliers de brevets. Ceci confirme la notion que l'effort allemand tend peut-être plus encore à surmonter les concurrents par des inventions que par le bon marché des produits. Les Anglais, si aveuglément acharnés à provoquer la résurrection allemande, n'ont probablement pas réfléchi à ce danger. Dieu, que leur industrie est loin de celle de leurs protégés !

Ailleurs ! la *Ubersee* a imaginé une exposition de pure propagande. Dans le Musée de peinture et de sculpture de la ville, qui d'ailleurs vient d'être doublé depuis 1920, elle a prélevé un certain nombre de salles où figurent les principaux travaux et entreprises créés et effectués par des Allemands dans le monde entier. Cette représentation, soit par photographies contre les murs, soit par maquettes ou plans-reliefs au milieu des salles, est répartie par pays et par continents. On voit successivement ce que les Allemands ont installé en Amérique du Sud, en Asie Mineure, en Égypte, en Chine, chez les Scandinaves, dans leurs colonies d'hier et même dans les colonies anglaises. On m'a fait remarquer notamment les superbes travaux de colonisation que le gouvernement allemand avait réalisés sur les terrains de l'Est-Africain, que l'Angleterre s'est empressée de se faire attribuer. Là s'étaient attachés à la terre, grâce à ces aménagements, une multitude de colons allemands, dont les biens ont été séquestrés, puis vendus par les Anglais, pour presque rien, à des aventuriers ou à des spéculateurs, qui les ont si bien négligés que la brousse a repris possession de ces terrains laborieusement conquis sur elle.

Dans la même section s'ouvraient des salles où sont représentés les travaux d'urbanisme et les cités ouvrières innombrables et variées bâties dans toutes les villes industrielles. Les dernières ainsi construites luttent efficacement contre la monotonie qu'on reproche généralement à ces agglomérations ; ce sont ici, à proprement parler, des villas avec jardins, avenues plantées d'arbres, parcs, églises, hôpitaux, théâtres et cinémas, cela va sans dire ; puis, en dehors de la cité, des jardins potagers à profusion ; c'est là que les ouvriers viennent achever, la bêche à la main, la journée de huit heures.

La ville de Hambourg s'était, naturellement, taillé la part du lion dans ces exhibitions ; plaquettes, graphiques et tableaux statistiques qui célèbrent ses prodigieux accroissements ; accroissements qui ont repris de plus belle, car on lisait sur un relevé officiel qu'en 1919 il y a été construit 452 maisons; en 1920, 1416 ; en 1921, 2187, et, dans les cinq premiers mois de 1922,

HAMBOURG. — Embarquement d'une grosse locomotive.

609, et il reste encore à Hambourg 35000 chercheurs de logements.

Mais, ce qui rendait rêveur, ce sont les plans de travaux publics, d'édifices et d'immeubles projetés pour l'avenir. Les dimensions en sont telles que tout ce qui existe déjà dans cette métropole, la plus grandiose de l'Europe, paraîtra mesquin. Mais les chefs de la cité voient plus grand encore : ils réclament l'annexion à leur ville de toutes les villes environnantes : Altona, Harbourg, Wilhelmsbourg, et aussi celle des îles de l'Elbe et des différents faubourgs. Ils projettent en outre un agrandissement dans le cercle agricole de Stomann et enfin la cession d'une large bande de terrain sur les deux rives de l'Elbe, de Hambourg à Cuxhaven, c'est-à-dire sur une distance de plus de cent kilomètres. Ainsi le port de Hambourg, se développant peu à peu jusqu'à l'embouchure même du fleuve, engloberait tôt ou tard Cuxhaven. C'est un projet formidable, si formidable que des organes sérieux, comme le *Berliner Tagblatt*, prétendent qu'il n'est pas discutable. C'est possible. Il n'empêche que la question est posée. Il apparaît bien d'ailleurs que les intérêts locaux ou provinciaux ne pourront résister longtemps devant l'intérêt national, devant l'importance hors pair du projet du « *Grand Hambourg* » pour tout le Reich. Sur ce point, les journaux d'outre-Rhin sont unanimes. Une seule chose importe : la solution rapide qui permette à Hambourg de sauvegarder à tout jamais l'avenir de son port mondial,

Hugo Stinnes -

Sauf de quelques financiers ou métallurgistes, cette personnalité était peu connue en France avant 1914. Le grand public, qui entendait prononcer plus ou moins fréquemment les noms de Krupp, de Thyssen, des Mannesmann, de Rathenau, de Ballin, ignorait totalement celui de Stinnes.

Cependant, quand on parcourt les annuaires industriels de 1912 et 1913, on le voit déjà membre des Conseils d'administration d'une quarantaine des plus grandes firmes industrielles ou bancaires de l'Empire allemand. Ceci prouve combien nous connaissions peu ce pays.

D'autre part, les hommes qui, en Europe, appartiennent au monde de la grande industrie chimique, de la verrerie et de la glacerie n'ont pas perdu le souvenir de l'inquiétude où les plongeait, en 1913, la fondation par Hugo Stinnes, à Reisolz, port rhénan voisin de Dusseldorf, d'une fabrique de produits chimiques et de glaces tellement gigantesque qu'il se proposait d'inonder le monde de ses produits. La guerre est venue en interrompre l'achèvement.

Le point de départ

Hugo Stinnes, arrivé aujourd'hui au premier plan des célébrités de notre époque agitée, n'est cependant pas uniquement le fils de ses œuvres. Les voyageurs qui fréquentent les bords du Rhin peuvent lire en énormes caractères, sur les tambours de beaucoup de remorqueurs à aubes, le nom de Mathias Stinnes. Ce Mathias a été l'ancêtre de la dynastie des Stinnes. Fils d'un petit marinier du Rhin, il naquit en 1790 à Muhleim-sur-Ruhr, et son existence, dans des temps aussi troublés que les nôtres, de la Révolution française, des conquêtes napoléoniennes et de la Sainte-Alliance, montre qu'il eut les mêmes aptitudes et ambitions que son arrière-petit-fils. Son histoire a été écrite ; elle le montre fécond en initiatives étonnantes. A dix-huit ans, à cet âge, dit l'historien, où Bonaparte était lieutenant d'artillerie à La Fère et Gœthe étudiant à Leipzig, il se lança, quoique sans ressources, dans le commerce des charbons. Il prévoyait déjà, avec une justesse de vues qui dépassait son âge et les conceptions de l'époque, l'importance énorme que devait prendre l'union intime des entreprises de navigation, de charbonnages et de commerce de houille.

Toute sa vie fut employée à poursuivre ce triple but et quand il mourut jeune encore, mais très riche, en 1845, il exigea par son testament que ses créations fussent respectées par les siens. Il y prescrit que toutes ses mines (elles sont aujourd'hui parmi les plus considérables de la Ruhr) devront rester la propriété de sa famille, que ses bateaux et son commerce de charbon, faisant partie de son héritage, pourront former des entreprises indépendantes, mais qu'aucuns bénéfices de ces affaires ne pourront être distribués avant que leur fond de roulement n'ait atteint 500 000 thalers, somme considérable pour l'époque.

L'activité d'Hugo Stinnes procède des mêmes visées, mais singulièrement élargies. A la vérité ce n'est pas lui qui est aujourd'hui l'héritier de Mathias; il s'est séparé de ses cousins, mais leurs affaires font partie de son Konzern.

L'ascension

Quand on étudie sa *manière*, on reconnaît que ses principaux leviers ont été la spéculation et la recherche des occasions, aidées par une connaissance profonde des hommes et des affaires; c'est la quintessence de la méthode allemande.

Le point de départ de ses immenses opérations a été le contrôle qu'il exerçait, comme président du conseil, bien avant la guerre, de la puissante compagnie minière et métallurgique *Deutsch-Luxemburgische*, en l'année 1901, au capital de près de 160 millions de marks (d'avant-guerre), propriétaire d'une vingtaine de charbonnages dans le bassin et d'usines métallurgiques à Mulheim, à Dortmund, à Emden, à Differdange (Luxembourg) et intéressée dans une quantité d'entreprises similaires. C'est un champ d'action où ses combinaisons variées et les soubresauts financiers qui s'ensuivaient lui permirent de réaliser de formidables profits. Il jonglait en virtuose avec les plus grandes firmes de la Ruhr, la Gelsenkirchen qu'il associa à la Luxemburgische, la Bochumverein, la Deutsche Bank, tantôt pour les syndiquer, ou les fusionner, tantôt pour les brouiller. Aujourd'hui ses opérations se concentrent autour de sa création maîtresse, la *Rhein-Elbe Union*, qui a son siège à Dortmund où elle occupe un vaste palais tout neuf qui est un véritable ministère, un ministère où chaque jour apporte une besogne nouvelle.

On imagine bien que H. Stinnes a autour de lui une équipe de collaborateurs de premier ordre qui se sont attachés à sa fortune. Il est d'ailleurs malaisé de le suivre dans ses innombrables entreprises, acquisitions ou participations, car elles s'étendent aux domaines en apparence les plus divers.

C'est ainsi qu'à côté des 25 millions de tonnes de houille dont il est le dispensateur et d'une quantité correspondante de produits métallurgiques, de briquettes, de coke, de goudron, de benzol, de sels ammoniacaux, il a mis la main sur les grandes Centrales électriques de la Ruhr qui distribuent de la force et de la lumière à tout le pays, puis sur les sociétés électriques de *Siemens-Schukert* et de *Siemens-Halske*, rivales de l'A. E. G ; cette dernière était, comme on le sait, sous le contrôle de Rathenau, l'ennemi de Stinnes. Puis il a fondé en Saxe, à Plauen, une importante fabrique de câbles métalliques, et comme il possède d'autre part la fabrique *Osram* qui livre annuellement 100 millions de lampes à incandescence, il contrôle souverainement l'industrie électrique allemande.

Il ne reste pas davantage étranger aux affaires de produits chimiques et possède notamment des usines à Berlin, à Anhalt et à Hambourg.

Stinnes armateur

Dans le domaine de la navigation, tant fluviale que maritime, nous rencontrons encore Hugo Stinnes au premier rang. Il a groupé et réuni, avec la Société Mathias Stinnes, une quantité de petites entreprises de batellerie dont l'ensemble lui donne la maîtrise sur la navigation du Rhin. Parallèlement, il s'est introduit dans le groupe des Sociétés de petites lignes de chemin de fer sud-allemands, dont le siège est à Darmstadt, organisation qui possède, en outre, quinze sociétés de tramways, dont le réseau d'Essen.

Puis ses efforts se sont tournés vers l'armement maritime transatlantique. On connaît ses démêlés avec la *Hamburg-Amerika Linie* dont il était administrateur, à la suite desquels il s'est empressé de fonder une compagnie de navigation qui porte son nom et pour laquelle il fait construire ou achète, avec une célérité renversante, des cargos qui visitent, chaque mois plus nombreux, tous les ports de l'Amérique du Sud. Déjà l'on prévoit, comme je l'ai dit, que la *Compagnie de navigation H. Stinnes* sera sous peu la première de Hambourg. Il a acheté pour elle le *Hamburgerhoff*, l'un des plus imposants immeubles de Hambourg, jadis le plus bel hôtel de l'Allemagne, et concurremment il faisait l'acquisition de *l'hôtel Atlantic* de Hambourg, de deux *palaces* à Berlin et du *Kaiserhoff*, bien connu, de Francfort-sur-le-Mein; il est en même temps le principal actionnaire d'un des grands chantiers maritimes allemands, *le Vulcan*.

A l'heure actuelle, d'autres entreprises de Hugo

Stinnes se rencontrent dans toute l'Europe et en Amérique du Sud où il a installé de nombreux comptoirs, en Angleterre, en Russie, en Finlande, en Danemark et même dans la Méditerranée.

Le coup de maître

Mais son coup de maître à l'étranger a été de s'emparer de tout ce qui reste de l'industrie autrichienne. Voici comment il s'y est pris :

Il existait avant la guerre une seule et importante société métallurgique dans l'Autriche proprement dite, l'*Alpine Montan*, près de la nouvelle frontière italienne. Cet établissement se trouvait alimenté en coke par les houillères tchèques de la Haute-Silésie ; car on sait que ce bassin était à cheval sur trois pays, la Prusse, la Galicie (Pologne autrichienne) et la Bohême, aujourd'hui Tchécoslovaquie. Comme les Tchèques sont des adversaires résolus des Autrichiens, non moins que des Allemands, ils refusèrent de fournir du coke aux hauts fourneaux de l'Alpine Montan qui, faute de combustible, n'avait d'autre parti à prendre que de les éteindre et de tomber en faillite. Hugo Stinnes suivait attentivement ces péripéties. Quand il vit la situation de l'Alpine désespérée, il se présenta et lui offrit du coke de la Ruhr, à la condition d'avoir le contrôle de l'entreprise. Ainsi se rendit-il maître, d'un seul coup, des restes de l'industrie autrichienne, car, qui possède le combustible et le fer tient un pays à sa discrétion, surtout quand la dépréciation monétaire ne permet à aucun consommateur de métal de se pourvoir ailleurs ; de même que, dans une bataille, le chef qui discerne la position capitale et réussit à l'enlever, fait tomber toutes les autres. La victoire est à lui.

Cette manœuvre à la Bonaparte impressionna vivement les Italiens qui sont proches de la grande usine, et c'est depuis lors qu'ils ont surnommé Stinnes le *Napoleone economico*.

La méthode

Considérées dans leur inextricable enchevêtrement, les opérations de H. Stinnes peuvent paraître, au premier abord, désordonnées, mais quand on parvient à les analyser avec attention, elles dénotent une méthode et une fixité de buts qui ne se démentent jamais. Il en est une série qui tendraient à démontrer que ce redoutable chef d'entreprise a des visées politiques dont le caractère nous est encore inconnu.

On sait qu'il a acheté, dans les diverses parties du Reich et même à l'étranger, un grand nombre de journaux et de revues, plus d'une centaine, dit-on, notamment la *Deutsche allgemeine Zeitung*, un des plus grands quotidiens allemands, et on ne les connaît pas tous, car il a ses hommes de paille. J'ai trouvé dans une brochure allemande, à tendances socialistes, une dénonciation du but qu'il poursuivrait.

A notre époque, il n'existe plus de monarchies absolues et tous les gouvernements sont plus ou moins dominés et conduits par l'opinion publique, puissance tyrannique mais aveugle, qu'oriente seule la presse quotidienne. L'homme qui résoudrait le problème d'acheter, dans tous les pays, la majorité des journaux

Hugo Stinnes
né en 1870

Augustin Thyssen
né en 1842

Kirdorf
Président du Syndicat
de la houille

D' Hasslacher
Directeur du Rheinische
Stahlwerk

et des agences télégraphiques serait automatiquement le maître du monde ; il aurait réalisé, sans effu-
sion de sang, le rêve napoléonien de la monarchie
universelle.

Mais tous les organes de presse ne sont pas à vendre
et, à côté de ceux dont on s'est assuré l'obéissance, il
peut chaque jour s'en créer de nouveaux. Toutefois,
on se procurerait sur tous une certaine domination, si
on les tenait par le papier (Stinnes a une énorme
fabrique de papier à Berlin), et l'on peut acquérir
l'autorité sur les papeteries si l'on achète dans les
lieux d'origine de vastes forêts d'où se tire la pâte
de bois.

C'est exactement ce qu'a réalisé Stinnes en Allemagne, en Finlande, en Scandinavie et, probablement encore, dans d'autres contrées.

On entrevoit déjà là le principe des concentrations
industrielles, le principe des *Konzern*, dont il y
aurait d'ailleurs injustice à attribuer la paternité à
Stinnes ; d'autres avant lui, Auguste Thyssen notamment, l'avaient inauguré et partiellement réalisé ; mais
c'est Hugo Stinnes qui l'a porté à ce degré d'épanouis-
sement qui stupéfie, à cette heure, le monde entier.

Certaines gens, en lisant ce qu'on écrit sur *l'Homme
à la tête noire d'Assyrien*, hochent la tête en disant :
« Tout de même, ce qu'il est riche, ce gaillard-là ! »

Ceci est une réflexion de primaire.

Que Stinnes ait trois, ou six, ou dix milliards
— et sa fortune doit singulièrement varier d'un jour
à l'autre, — ce n'est point en cela que réside son
pouvoir. On peut imaginer, par exemple, un hobereau
possesseur d'un million d'hectares en très bonnes terres

et par là plus riche que Stinnes ; mais, en dehors de sa propriété, cette opulence ne conférerait au hobereau aucune domination. La puissance d'Hugo Stinnes est faite du nombre prodigieux d'entreprises, d'hommes, d'objets, de capitaux qui dépendent de sa volonté, parce qu'il a su choisir, avec une habileté presque machiavélique, les éléments dont il fallait se rendre maître pour qu'une foule d'autres fussent automatiquement à sa merci. Lorsqu'il s'assure le contrôle des grandes Centrales électriques de la Ruhr, il tient dans sa main la force motrice nécessaire à des milliers d'industries, à des millions de travailleurs.

Sans doute il reste plus que suspect aux divers groupes des socialistes allemands, quoique, en réalité, quand on leur parle de lui, on s'aperçoit qu'ils en sont plutôt fiers parce que c'est un Allemand. Instructive contradiction ! En dehors des partis politiques, sa popularité est générale et croissante. Je l'ai trouvée mieux assise que je ne m'y attendais et tout ce qui émane de lui est relaté comme gestes d'un personnage historique.

L'homme

On peut se demander de quel regard Hugo Stinnes envisage cette renommée, attendu qu'il n'est pas d'homme plus simple et d'allures plus modestes. L'élément qu'il considère comme précieux au-dessus de tout est le temps. Qui lui en fait perdre ne sera jamais son ami. Une bonne partie de ce temps, il le passe, en chemin de fer ou en auto, avec ses secrétaires et souvent ses fils, car il est fort bien secondé par trois jeunes Stinnes qui marchent sur les traces de leur père.

En voyage, il prend ses repas dans des restaurants quelconques. Inutile d'ajouter qu'il ne s'y attarde point, ce qui ne l'empêche pas de tout observer. Dernièrement, après avoir ainsi dîné dans une ville de la Ruhr, il fit appeler le maître d'hôtel et lui dit : « Je vois là des personnes à qui on a servi un plat et qui attendent du vin depuis un quart d'heure et d'autres à qui on a apporté du vin et qui attendent vainement le solide. Votre maison est mal organisée. »

Cet homme a par-dessus tout le culte de l'organisation, et il attribue à ce principe toute sa réussite. Ajoutons-y la connaissance approfondie du domaine économique international, une activité sans limites et une volonté qui ne s'émousse devant aucun obstacle.

Son caractère est cassant. On connaît son animosité contre Rathenau, ses démêlés avec la *Hamburg-Amerika*, et on a bien souvent raconté qu'il est brouillé avec Thyssen. Actuellement il n'en est rien. Le 23 juillet 1922, à des visiteurs qui étaient venus chez lui à Landsberg, Auguste Thyssen, dont on venait de célébrer, quelques jours auparavant, le quatre-vingtième anniversaire, s'exprima à peu près en ces termes : « Hugo Stinnes, étant jeune, a été mon collaborateur et mon ami, puis il y a eu des divergences entre nous et nous nous sommes séparés depuis longtemps. Aujourd'hui les circonstances nous ont rapprochés ; l'amitié n'est pas revenue, mais, au point de vue des affaires, nous marchons d'accord. »

Paroles d'une haute importance, puisque ces deux

hommes sont les représentants *effectifs* les plus auto-
risés et les plus puissants de l'Allemagne actuelle.

On l'a bien vu lorsque les Allemands apprirent la
nouvelle de l'entrevue de Hugo Stinnes avec le
comte de Lubersac. C'était au moment où la presse
allemande faisait feu de toutes ses armes contre la
France. Aussitôt l'information reconnue exacte, elle
les mit au cran d'arrêt et attendit, considérant que
l'entrée en scène d'une personnalité comme Stinnes,
s'abouchant directement avec un parlementaire français,
constituait un événement digne d'être observé en
silence.

Certes, l'accord conclu entre ces deux hautes personnalités pour la fourniture, par l'Allemagne, de matériaux de construction destinés à la reconstitution des
provinces qu'elle a dévastées ne résoudrait qu'une très
minime partie des difficultés qui aigrissent les deux
pays ; de plus, la collaboration allemande présente
bien des obstacles et donne lieu à bien des objections.
Le rôle imparti dans cette opération à la *Dresdner
Bank* n'est pas facile à remplir. Là où une entière
bonne foi serait indispensable, les débiteurs soulèvent
maintes chicanes. Au fond, la résistance à tout
paiement s'affirme là comme ailleurs. Le moment
n'est encore pas venu de pouvoir constater et évaluer
des résultats, bien que la franchise de M. de Lubersac
ait été entière et qu'on ne mette pas en doute la sin-
cérité de M. Stinnes.

Son geste correspond d'ailleurs assez à son idée
maîtresse qui est d'accroître par tous les moyens
l'outillage et la productivité de son pays. Un arrangement quelconque avec les alliés qui faciliterait

l'expansion au dehors des produits allemands et l'apport de matières premières indispensables à l'industrie ne le laisse point indifférent, parce que, regardant de très haut et très loin, il estime, sans le dire, que grâce au système dont il est l'infatigable propagateur, l'Allemagne défiera toute concurrence.

Concentrations industrielles

Il s'agit du système des *Concentrations industrielles*, du système des *Konzern*.

A la vérité, Krupp et d'autres, Auguste Thyssen surtout, avaient avant lui réalisé le plan d'opérations coordonnées depuis les matières premières jusqu'à un certain stade de la fabrication, mais sur une échelle moins étendue et seulement dans l'industrie de la fonte et de l'acier. C'est Hugo Stinnes qui, le généralisant, lui a donné l'ampleur organique que nous constatons aujourd'hui.

Avant lui on connaissait les *trusts* américains qui mettent en commun les intérêts d'une même industrie : trust du pétrole, trust de l'acier, trust des appareils électriques, etc., on connaissait aussi les *cartels* allemands qui, laissant autonomes les fabricants d'une industrie, ne les associent que pour la vente par les soins d'un seul syndicat chargé d'établir les prix, de rechercher et de servir les clients et de répartir les commandes entre les firmes syndiquées : cartel de l'acier, cartel de l'ammoniaque, cartel de la potasse, etc. On peut les définir sous le nom de *concentration en largeur*.

La conception de Stinnes, *la concentration en hauteur*,

consiste à réunir dans une seule main toutes les industries qui concourent à l'exécution d'un même produit final, depuis les matières premières initiales, combustible, minerai, bois, jusqu'à l'objet utilisable par le consommateur, locomotive, lampe électrique, machine agricole, etc.

Et comme il peut s'y ajouter encore la mise en participation disciplinée des fournisseurs d'éléments divers entrant dans les fabrications successives, on peut dire avec justesse que le *Konzern* intégral est de la concentration industrielle *à trois dimensions*.

Appliquez le même système à toutes les branches de l'activité humaine, y compris les banques, les moyens de transport et les comptoirs de vente, et vous aurez pénétré le secret des manœuvres et des innombrables groupements industriels réalisés par M. Stinnes. Vous comprendrez du même coup pourquoi il s'efforce de se rendre maître des chemins de fer du Reich, parce que ayant le charbon, le minerai, le fer, les ateliers de construction, les banques, les transports fluviaux, les chantiers maritimes, les navires et les représentations à l'Étranger, le transport par fer est le seul maillon qui manque à sa chaîne.

Il n'échappera à personne tout ce que peut donner de puissance, d'harmonie, de perfection et d'économies aux fabrications cette concordance d'efforts variés qui les fait émaner tous en quelque sorte d'un cerveau unique. Plus de concurrences stupides entre les producteurs d'un même article, plus de heurts, ni de conflits entre les fabricants superposés qui concourent à l'achèvement d'un même produit; plus de disproportions entre les quantités de matières intermédiaires à fournir à chaque étape ; pas de fausses manœuvres, pas de formations de stocks superflus résultant de l'indépendance des exécutants; puis possibilité de faire grand, de construire en série, de standardiser, de pousser avec le maximum d'énergie à la vente des produits les plus avantageux ; et enfin l'avantage inappréciable de mettre en commun les recherches, les brevets, les expériences qui introduisent chaque jour un progrès nouveau dans l'ensemble des fabrications.

On peut comparer cette organisation à celle de Ford construisant ses quatre mille voitures par jour sur un tapis roulant. D'ailleurs les Allemands sont de chauds partisans de la taylorisation ; ils n'emploient pas toujours ce mot, mais ils appliquent la chose ; leurs ouvrages techniques en sont remplis et toutes leurs écoles d'ingénieurs ont des cours d'organisation scientifique.

Que l'on compare cette marche en ordre réglé avec les tiraillements continuels que l'on constate, en d'autres pays, entre les charbonnages et la métallurgie, entre les métallurgistes et les mécaniciens, entre les viticulteurs et les négociants en vins, entre les producteurs et les transporteurs. Comprend-on par exemple qu'en France, où la métallurgie se débat pour trouver des débouchés, les chemins de fer achètent chaque année pour des centaines de millions de traverses en bois, alors que depuis vingt ans les trains allemands de la moitié du réseau roulent sur des traverses en acier ? Que de faux mouvements, que de temps perdu en litiges, que de produits sabotés !

Les idées d'Hugo Stinnes ont été reconnues au delà

du Rhin tellement avantageuses que la plupart des grandes sociétés ont formé à côté du sien des Konzern analogues, sans parler de Krupp et de Thyssen. La Gutehoffnung s'est combinée avec la Hamburg Amerika et les Deutsche Werft, et d'autres firmes encore sous l'autorité d'Haniel ; l'Allgemeine Electricitæts Gesellschaft a formé elle aussi un Konzern. Les Mannesmann avaient une chaîne à laquelle il manquait un maillon, le haut-fourneau ; ils installent des hauts-fourneaux.

On voit ainsi quelle influence peut avoir la présence d'un homme supérieur sur la destinée de son pays.

Nier que les grands Konzern allemands constituent un État dans l'État serait peut-être bien parler contre l'évidence ; tout le monde sait en quel mépris les magnats de l'industrie tenaient le gouvernement de Wirth, qui était aussi débile qu'ils sont énergiques et puissants. La nation entière, prétendent-ils, y trouve et surtout y trouvera son compte. Sauf les démocrates, la majorité des Allemands, assez indifférents aux théories politiques, admirent en général la grandeur de ces réalisations qui leur donnent confiance en l'avenir.

Hugo Stinnes, à la tête de ses vastes entreprises, a-t-il des visées plus hautes encore ? Ceci est son secret. En tout cas, en dehors des obstacles qu'il rencontrera dans les partis extrêmes, il sera desservi par son caractère qui est sans aménité et sans souplesse. Mais s'il parvient jamais dans son pays au poste suprême, il sera un exemple assez rare d'un homme ayant conquis le pouvoir sans s'appuyer sur la naissance, ni sur le sabre, ni sur la démagogie.

En considérant la situation politique actuelle de nos

ennemis d'hier, d'un côté un gouvernement jusqu'ici si impuissant[1] et de l'autre ces individus, chefs souverains de groupements formidables, je ne puis m'empêcher de faire un rapprochement avec l'époque de nos derniers Mérovingiens dont le pouvoir effectif avait passé aux mains des maires du palais desquels on vit naître Charles Martel, puis Pépin le Bref, puis enfin Charlemagne.

1. Ceci a été écrit avant l'arrivée au pouvoir de M. Cuno.

CHAPITRE VII

Conseils ouvriers

Parmi les sujets de mécontentement de l'industrie allemande contre le régime républicain, il faut citer en première ligne l'adoption de la loi de huit heures dont le maintien strict est assuré, non par le Gouvernement qui, jusqu'à l'avènement du ministère Cuno, était trop débile pour rien exiger, mais par les syndicats ouvriers; puis, en second lieu, la création des Conseils ouvriers votée le 4 février 1920.

Cette loi proclame que dans toute entreprise industrielle, commerciale ou agricole occupant au moins vingt ouvriers, le personnel *doit* élire un conseil et que toute entreprise de cinq à dix-neuf membres doit avoir un délégué ouvrier.

Les fonctions attribuées à ce conseil ou à ce délégué sont d'ailleurs assez vaguement déterminées. Le conseil assiste de ses avis le chef de l'entreprise, de manière à lui assurer le meilleur rendement, sans toutefois participer à la gestion. Il collabore à l'introduction de nouvelles méthodes de travail (ce qui est bien une immixtion dans la gérance!) et assure l'application des contrats collectifs. Il discute avec le patron les réclamations des salariés, sans avoir d'ailleurs le droit de les arbitrer. Dans les sociétés par actions, le conseil des ouvriers a droit de déléguer un de ses membres au Conseil d'administration.

Tout membre du personnel de l'un ou l'autre sexe, âgé de plus de 18 ans, est électeur aux conseils ouvriers. Le mandat est confié à l'élu pour une année seulement.

L'assemblée de Weimar prévoyait encore la création de conseils ouvriers de districts qui ne fut jamais réalisée et d'un conseil économique national qui a été constitué.

Les conseils ouvriers fonctionnent effectivement dans l'industrie, mais rarement dans les entreprises agricoles.

Rien n'est plus variable à l'heure actuelle que les rapports entre employeurs et ouvriers en fonction de cette loi. Tels patrons la trouvent exécrable, tels autres s'en accommodent avec philosophie, quelques-uns enfin prétendent qu'elle a amélioré leurs rapports avec leur personnel. Evidemment, ceci dépend de la mentalité respective et du doigté des uns et des autres.. Je passe sous silence les cas où les délégués accueillent les présents d'Artaxerxès.

Là où le système fonctionne sans grincement, les Conseils rendent des services à leurs camarades au point de vue de l'hygiène, des salaires et de l'alimentation. Mais généralement quand ils veulent se mêler de la technique de l'entreprise, c'est alors que les grippements se font sentir.

Il ne paraît pas que les Conseils d'ouvriers soient intervenus jusqu'ici dans la question de l'apprentissage; par contre, il a été créé dans plusieurs villes des cours

pour enseigner aux délégués ouvriers la théorie des
fonctions qu'ils ont à remplir. On n'est pas loin d'envi-
sager que ces fonctions pourraient devenir l'apanage
d'une élite dans le prolétariat; aussi le monde des
travailleurs n'est-il pas unanimement partisan de cette
institution. Les plus avancés voudraient naturellement
transformer les conseils ouvriers en soviets. Inutile
d'ajouter que c'est là une des appréhensions les plus
continuelles du patronat.

L'ouvrier allemand n'a plus la conscience dans son
travail et la docilité qu'on lui reconnaissait avant la
guerre. Son rendement horaire est considérablement
amoindri; de plus, les grèves sont innombrables. La
plupart ont pour cause la question des salaires; la
chute incessante du mark, qui ne coïncide pas avec
une augmentation adéquate de la rémunération du
travail, les justifie fréquemment. Les perturbations
dues à ces arrêts et aux remaniements des salaires
sont incontestablement les plus durs obstacles qu'ait à
vaincre l'industrie. Par contre, l'ouvrier allemand, plus
heureux que ses camarades des autres pays, ne connaît
pas le chômage.

Quoi qu'il en soit, un congrès que viennent de tenir
les délégués ouvriers dans une ville de l'Allemagne du
Sud a émis une série de vœux de nature soviétique
qui, s'ils étaient réalisés, provoqueraient la mort sans
phrase de l'industrie allemande.

Nonobstant, sans avoir la prétention de pronostiquer
avec certitude l'avenir, nous devons entrevoir qu'en
Allemagne la classe bourgeoise est animée d'une telle
énergie, possède une si complète maîtrise technique et
s'appuie si solidement sur des capitaux pleins de con-

fiance qu'elle nous paraît appelée à triompher des difficultés sociales qui sont nées et qui se dressent encore sous ses pas. Elle compte avant tout, pour y parvenir, sur la conquête du pouvoir politique.

On ne répétera jamais assez que sa tactique consiste à détourner contre la France, et contre la France seule, la colère du peuple.

Sous l'effet d'une propagande qui est sans contrepartie, cette haine va grandissant. Et le plus grave péril pour nous serait d'ajouter foi aux dires des illusionnistes quand ils prétendent qu'en certains points du Reich les masses populaires nous seraient favorables. L'ouvrier allemand est violemment monté contre le bourgeois, mais s'il trouve un Français sur sa route, c'est le Français qui encaissera les coups.

CHAPITRE VIII

La Politique de l'azote

Il n'est aucune chose perfectionnée qui ne soit perfectible encore. C'est l'axiome qui vous hante quand on considère le passé et le présent de l'agriculture allemande et qu'on entrevoit sa situation à venir.

Tout le monde sait qu'en dépit d'une superficie limitée, d'un climat rude et d'un sol en maintes places ingrat, la production agricole de l'Allemagne est la plus abondante de l'Europe. Même les pays qui, comme la Belgique, le Danemark, la Bohême, ont une agriculture admirable, ne l'ont réalisée qu'à son école.

On répète souvent que l'Allemagne de nos jours est surtout industrielle ; il serait plus exact de dire qu'au rebours de l'Angleterre, elle est devenue manufacturière sans cesser d'être agricole ou que, mieux encore, sa culture est devenue résolument industrielle. (Voir *l'Allemagne au Travail*, chap. XI.)

Ce sont les soixante stations agronomiques dispersées dans tout le Reich qui ont fait les hauts rendements de toutes les récoltes ; c'est des privations imposées par le blocus pendant la guerre qu'est née la volonté d'accroître encore cette productivité. L'exposé qui suit démontre le triomphe de l'homme conduit par la science sur la nature et sur la matière.

La production des denrées alimentaires n'est plus qu'une question de mécanique et de chimie. D'après l'agronomie moderne, le sol n'est que le support des végétaux et le véhicule des éléments qui doivent les nourrir et les faire fructifier.

Ce support, il s'agit de l'ameublir par des labours, de l'assainir par des drainages, de l'arroser au besoin ; c'est l'œuvre de la mécanique.

Puis la science expérimentale intervient pour lui confier les espèces et les qualités de semences sélectionnées les mieux appropriées au terrain, au climat, à l'exposition, et en même temps les plus nécessaires et les plus rémunératrices.

Enfin il faut alimenter pendant toute leur évolution les plantes dont on tirera les produits utiles. Ici la chimie appliquée joue le rôle prépondérant.

Depuis quatre-vingts ans tous les agronomes savent — et l'école enseigne à tous les cultivateurs allemands — que trois substances sont nécessaires à la végétation quelle qu'elle soit : *l'azote, la potasse, le phosphate.* L'appauvrissement du sol en l'un de ces trois éléments diminue la production, leur abondance l'accroît. Tel est le secret des rendements intensifs.

De la potasse, l'Allemagne possède, au centre du pays, des gisements d'une richesse inépuisable.

Le phosphate lui est fourni en partie par les scories des minerais de fer phosphoreux de la Lorraine, du Luxembourg et de la Suède et par les phosphates de l'Amérique ou du Nord-Africain français, que les grandes fabriques d'engrais transforment en superphosphates.

Reste l'azote, qui est le plus important, le plus nécessaire et le plus coûteux des trois éléments. Les fumiers, les terreaux, les débris organiques en fournissent une partie, mais tout à fait insuffisante pour des rendements intensifs. C'est dans la préparation industrielle de cet élément, dans la *synthèse des produits azotés*, que les Allemands ont réalisé un tour de force et une action d'ensemble qui leur assurent une avance formidable sur les autres pays, et les libèrent de toute importation étrangère de ce précieux engrais.

Les engrais azotés

Il faut savoir, en effet, que l'azote, qui se trouve à l'état gazeux en quantités indéfinies dans l'atmosphère, n'est pratiquement fixé que dans quelques corps solides, le salpêtre ou *nitrate de soude* naturel du Chili, qui en contient environ 15 p. 100, le *sulfate d'ammoniaque*, produit artificiel, qui en renferme 20 p. 100 et la *cyanamide* obtenue au four électrique.

Avant la guerre les divers pays civilisés se répartissaient ainsi les disponibilités de nitrate de soude et de sulfate d'ammoniaque :

En 1913 le Chili produisait 2 700 000 tonnes environ de nitrate de soude sur lesquelles l'Allemagne, à elle seule, en importait 800 000, soit près d'un tiers de la production totale. Hambourg disputait âprement à Liverpool le marché mondial des nitrates.

Parallèlement elle extrayait par la distillation de ses houilles le chiffre énorme de 550 000 tonnes de sulfate d'ammoniaque, battant ainsi le record de cette production qui appartenait auparavant à l'Angleterre.

Elle en exportait environ 100 000 tonnes et consommait le reste.

Enfin elle tirait des grandes usines hydro-électriques de Norvège quelque 60 000 tonnes de produits azotés synthétiques, obtenus au four électrique.

Finalement, la presque totalité de ce tonnage, soit 220 000 tonnes, étant utilisée comme engrais, on pouvait se rendre compte que, tandis que la France ne répandait en moyenne annuellement sur ses terres arables que 3 kilogrammes d'azote, l'Angleterre 6 kilogrammes, l'Allemagne leur en dispensait 8 kilogrammes. Ces chiffres expliquent clairement les différences de rendement. Des expériences précises ont démontré qu'en moyenne une tonne d'azote augmente la production d'un sol de 18 tonnes de froment et 40 tonnes de paille, et, sur la pomme de terre, de 120 tonnes de tubercules.

Mais une singulière coïncidence veut que ce même azote, qui est la matière première des aliments qui font subsister les êtres vivants, soit en même temps celle des explosifs que l'homme a imaginés pour détruire ses semblables. Or, pendant la guerre, nos ennemis étaient privés de toute communication avec le Chili; ce qui faisait dire à tel de nos chimistes les plus réputés qu'ils seraient contraints de rendre les armes, faute de munitions. C'était compter sans la science allemande.

Le procédé Haber et l'usine d'Oppau

Au cours des premières années du siècle, deux chimistes, MM. Haber et Bosch, de la grande Société

Badische anilin und soda Fabrik, avaient étudié et mis au point un procédé de fixation de l'azote atmosphérique sous forme d'ammoniaque, en ne faisant appel comme matière première qu'au charbon. Une petite usine avait été montée à Ludwigshafen; elle ne produisait en 1913 que 2 000 tonnes de sels ammoniacaux synthétiques.

Parallèlement, la même société avait industrialisé la préparation de l'acide nitrique synthétique par la catalyse (procédé Ostwald).

Devant l'insuffisance imminente de produits azotés pour continuer la guerre, la Badische fut requise par le gouvernement de développer en grand ces deux fabrications, ce qui fut fait avec une étonnante célérité par la création de la fameuse usine d'Oppau que notre aviation militaire, par une inexplicable insouciance, négligea de détruire, bien qu'elle fût à sa portée.

C'eût été d'autant plus aisé que cet établissement occupe une superficie d'une cinquantaine d'hectares sur la rive gauche du Rhin, en face de Mannheim et à 2 kilomètres au nord de la grande usine de la Badische.

Le sol de l'établissement a été surélevé pour qu'il fût à l'abri des inondations et ces remblais ont été fournis par le creusement d'un vaste bassin intérieur communiquant avec le Rhin et qui sert de port particulier à l'usine.

L'aspect des bâtiments est grandiose. Ils forment des îlots en façade sur des avenues intérieures parallèles de 30 mètres de largeur, que recoupent d'autres voies perpendiculaires traversant l'usine de part en part,

Rien dans aucune industrie n'est aussi impressionnant que ces constructions cyclopéennes, ces appareils énormes aux formes étranges, ces forêts de tubes de tous calibres qui montent, descendent, se croisent sur nos têtes, ces faisceaux de câbles électriques, ce réseau de transporteurs aériens qui promènent en tous sens des wagons de coke à 25 mètres en l'air, ces grues, ces ascenseurs, ces compresseurs haletants, ces silos, cette batterie de dix-huit tours cylindriques de 30 mètres de haut et de 8 mètres de diamètre, garnies de matériaux inattaquables aux acides et enchâssées du haut en bas d'une enveloppe de tôle.

Sans aborder ni description technique, ni théorie chimique, disons seulement que l'unique matière première qui entre dans l'usine est du coke ou du lignite qui, arrivant par le Rhin, sont déchargés mécaniquement et hissés au haut de transporteurs qui les déversent dans des wagons aériens portés par des câbles. Ces câbles forment un réseau qui couvre toute l'usine et des aiguillages mus d'en bas par des commandes électriques distribuent par gravité ce combustible dans des silos disposés aux divers points où il sera employé.

C'est ainsi que chaque jour 4 000 tonnes de coke et 800 tonnes de lignite, soit 1 500 000 tonnes de combustibles par an, sont dévorés par l'usine.

Ici travaillent 25 chimistes, 60 ingénieurs, 500 contremaîtres et 5 000 ouvriers, dont 2 000 pour l'entretien et les réparations des appareils, qui sont fréquentes, et 3 000 pour la fabrication, divisés en trois équipes.

Il est à remarquer que les ouvriers n'ont jamais à toucher ni aux matières premières, ni aux produits fabriqués, toutes les opérations étant automatiques.

La seule fonction de ce personnel est de surveiller les machines, d'actionner des leviers et d'observer les thermomètres, manomètres, appareils enregistreurs, indicateurs de vitesse des gaz, etc., et de manœuvrer des commandes électriques.

Les appareils de contrôle des quatorze batteries autonomes sont réunis pour chacune dans un bureau où ils sont concentrés, grâce à des transmissions électriques ; les chefs de fabrication les ont ainsi constamment sous les yeux.

Cette usine terminée pendant la guerre a coûté environ 400 000 000 de marks-or. Les produits azotés qu'elle fabrique, après avoir fourni l'armée d'explosifs, servent aujourd'hui d'engrais pour la culture.

Tout le monde sait que l'usine d'Oppau a été en partie détruite en 1921 par une formidable explosion, mais les débris en étaient encore fumants que déjà les commandes étaient passées aux établissements de construction du Rheinland pour la remettre au plus vite en état. A l'heure actuelle, le mal est réparé et la fabrication a repris sa marche normale.

Le consortium des fabriques
de produits chimiques

D'ailleurs, la Badische ne s'en était pas tenue à la seule usine d'Oppau ; dès 1917 elle avait entrepris l'installation d'une seconde fabrique d'ammoniaque synthétique, à *Leuna*, près de Mersebourg, dans la région de Halle-sur-Saale, sur les immenses gisements de lignite qui s'étendent sous les territoires de la

Saxe prussienne. Cette usine, que j'ai eu l'occasion de parcourir, dont la capacité de production est double de celle d'Oppau, a été mise en marche par batteries successives ; elle est aujourd'hui terminée et fonctionne à plein. J'en ai parlé plus haut en même temps que l'importante cité ouvrière à laquelle elle a donné naissance.

Une troisième fabrique d'ammoniaque synthétique a été encore fondée à Chorzon, en Haute-Silésie. Le partage de cette province l'a attribuée à la Pologne.

Mais à peine était-il accompli que le consortium commençait la construction d'une nouvelle fabrique à quelques kilomètres de là, à Gleiwitz, au-dessus d'un puits de houille, foncé à cette intention. Les Allemands espèrent bien d'ailleurs que l'exploitation de Chorzon restera pratiquement entre leurs mains.

En dehors de ces deux principales sources de produits azotés, plusieurs autres ont été ouvertes, d'accord avec la Badische, par les grandes sociétés de produits chimiques bien connues sous les noms d'*Établissements Bayer*, — *Meister Lucius*, — *Anilin Fabrication*, — *Casella*, et le consortium s'est étendu pendant la guerre à 14 grandes sociétés. Toutes ces firmes ont fait, chacune de leur côté, des augmentations de capital successives de plus en plus importantes, dont l'ensemble s'élève à près de 2 milliards, à un moment où la valeur du mark n'était encore que peu dépréciée.

C'est le consortium qui a établi méthodiquement et rigoureusement la politique allemande de l'azote [1].

---

1. Voir la magistrale communication sur ce sujet de M. Matignon, professeur au Collège de France, dans la Revue *Chimie et Industrie*.

Naturellement il a attiré dans son orbite les fabriques de cyanamide qui produisent cette matière azotée au four électrique, soit par des forces hydrauliques, soit à l'aide des lignites, mais qui d'ailleurs sont, elles aussi, des consommateurs de charbon, puisque la cyanamide dérive du carbure de calcium.

Voici les noms de ces fabriques de cyanamide avec leurs productions approximatives :

	Tonnes.
Piesteritz-sur-l'Elbe au lignite.	200 000
Knapsack, près Cologne, au lignite	100 000
Trostberg (Bavière), hydraulique	33 000
Waldshut (duché de Bade), hydraulique. .	33 000
Wacker (Prusse orientale), hydraulique. .	20 000
Borkendorf (Allemagne centrale), hydraulique.	16 000
Steinsbuch (Allemagne centrale). hydraulique.	16 000
Société Lonza (Silésie), hydraulique. . . .	10 000

Plus deux fabriques devenues polonaises.

Muhltal (Posnanie), hydraulique.	10 000
Chorzow (Haute-Silésie), à la houille . . .	120 000

En somme, l'ensemble de ces usines de cyanamide représente 550 000 à 600 000 tonnes de ce produit, obtenu par une puissance globale de 320 000 chevaux.

Enfin, il faut y ajouter les 550 000 tonnes de sulfate d'ammoniaque extraites de la houille par distillation, dans la fabrication du coke. Ce dernier chiffre a diminué depuis la guerre, proportionnellement à la réduction des quantités de charbon extraites du bassin de la Ruhr; mais avant peu il sera atteint de nouveau et même dépassé.

Récapitulons les quantités d'azote utilisable que les usines allemandes, par ces différents procédés, produisent annuellement :

	Azote Tonnes
Procédé Haber-Bosch.	3oo 000
Cyanamide, 55o 000 tonnes à 18 p. 100 azote.	100 000
Sulfate d'ammoniaque, 55o 000 tonnes à 20 p. 100.	110 000
Total.	51o 000

que les industriels allemands se préparent à augmenter d'année en année, surtout à l'aide des usines hydroélectriques en création dans la Haute-Bavière.

Exportation des engrais azotés

Ce tonnage d'azote est hors de proportion avec les besoins de leur agriculture qui, en 1913, en consommait un peu moins de 200 000 tonnes.

Depuis lors, une propagande énergique a engagé les agriculteurs allemands à accroître leurs épandages d'engrais, en leur rappelant la pénurie alimentaire que le blocus avait occasionnée. Si copieux que fussent déjà les rendements obtenus sur les terres du Vaterland, on adjure les cultivateurs de les améliorer encore. Cette invitation a été entendue puisque, malgré la brèche de 5 000 000 d'hectares que le Reich a subie de par le traité de Versailles, la consommation de l'azote a déjà passé de 200 000 à 250 000 tonnes.

Il n'en reste pas moins que non seulement l'Allemagne se libère dès à présent des 800 000 tonnes de nitrates chiliens (correspondant à 120 000 tonnes d'azote) qu'elle importait en 1913, mais qu'elle devient d'ores et déjà exportatrice de 250 000 tonnes par an d'azote synthétique, qui représenteraient 1 600 000 tonnes de nitrate naturel, c'est-à-dire beaucoup plus que l'Europe entière, y compris la Grande-Bretagne, n'en a jamais consommé.

Et cette perspective s'affirme avec une certitude absolue si l'on considère que la valeur du kilo d'azote dans le nitrate chilien et dans le sulfate d'ammoniaque anglais ou français a varié de 4 fr. 50 à 6 francs, tandis que l'azote artificiel est toujours payé moins de 2 francs par les agriculteurs allemands. Toutes les nations européennes sont donc fatalement destinées à être tributaires de l'Allemagne pour les engrais azotés, comme elles le sont pour les colorants artificiels, et en partie pour les explosifs.

C'est ainsi une exportation assurée de plus d'un milliard or par an, et ce sera en même temps, pour les armateurs qui transportaient du Chili par le cap Horn 2 millions et demi à 3 millions de tonnes de nitrate, une perte de fret considérable, étant donné surtout que les voiliers qui assuraient la majeure partie de ces transports ne pouvaient guère accomplir plus d'un voyage et demi aller et retour par année. Près d'un millier de navires y étaient spécialisés.

La politique mondiale de l'azote ainsi inaugurée par l'Allemagne est un des résultats les plus effarants que la science ait encore produits. Voici un pays qui ne possède foncièrement qu'une seule richesse, le combustible, houille, lignite et tourbe, mais à la vérité en masses inépuisables. Or, de cette unique matière première, transformée par les recherches de ses chimistes

et l'audace de ses industriels, il réalise le moyen de
tirer du blé, du bétail, de la pomme de terre, du sucre,
de l'alcool, en quantités chaque année croissantes; mieux
encore, il se constitue le pourvoyeur obligatoire de la
principale substance fertilisante dans tout un continent !

Est-ce à dire que la France n'aurait pas les moyens
de résister à cette invasion économique? Assurément
elle le pourrait, puisque ses chutes d'eau, quatre fois
plus abondantes que celles de l'Allemagne, seraient
capables de produire annuellement quatre fois plus de
cyanamide. Mais, à part les chutes d'eau, tout le reste
nous manque, à savoir : une politique large et suivie,
l'initiative industrielle, l'éducation professionnelle des
cultivateurs. Déjà nous pourrions être maîtres en Europe du marché de cet autre engrais indispensable, le
phosphate, puisque notre Afrique du Nord et nos
minerais ferrugineux de Lorraine en sont les sources
à peu près exclusives en Europe. Nous ne tirons
qu'un parti insignifiant de cet énorme avantage.

Ces constatations irréfutables m'inspirent une remarque finale.

Nous voyons les Anglais poursuivre dans le monde
entier l'hégémonie du pétrole. Tout leur impérialisme
est actuellement orienté vers ce but. Je le constate sans
même le leur reprocher, mais je voudrais pouvoir sug-
gérer à nos alliés le conseil que voici : « Si l'on donnait à choisir entre le pétrole et la science, il faudrait
prendre la science, car la science arrivera certainement à se passer du pétrole, tandis que, pour bien se
servir du pétrole, on ne peut pas se passer de la science. »

Productions agricoles de l'Allemagne

Les principales productions agricoles de l'Allemagne se chiffraient en 1913 en quintaux métriques :

Froment.	40	millions.
Seigle	100	—
Orge.	30	—
Avoine.	58	—
Foin.	260	—
Betterave à sucre.	170[1]	—
Pomme de terre.	445	—

De ces dernières denrées et des grains qu'ils faisaient fermenter, les Allemands extrayaient entre autres 3 500 000 hectolitres d'alcool.

Comme on ne peut estimer la valeur d'une méthode de culture que par la comparaison de son rendement avec une autre, la statistique nous met en présence des rendements moyens à l'hectare suivants :

	(En quintaux métriques.)	
	En Allemagne.	En France.
Froment	24,2	13,8
Seigle	19	14,3
Pomme de terre	156	74

Et ce qui prouve jusqu'à l'évidence que ces différences ne sont pas dues à la nature du sol, mais bien aux perfectionnements de la culture, c'est que, sur les mêmes terrains, les rendements en Allemagne ont, depuis trente ans, augmenté de 50 p. 100. Déjà les agronomes escomptent un nouvel accroissement de

1. Produisant 27 millions de quintaux métriques de sucre.

récoltes grâce à l'intensification des engrais azotés ;
tandis que pendant les quatre années de guerre la
production agricole allemande avait sensiblement
faibli par suite de la disette des phosphates que le
blocus interceptait et aussi de l'azote que les munitions absorbaient en grande partie.

En conséquence, le cheptel, en porcs surtout, avait
diminué ; les matières grasses manquaient et la ration
alimentaire des habitants était devenue insuffisante.

Pour y remédier les chimistes avaient imaginé toutes
sortes d'*Ersatz*, tels une certaine levûre minérale et
une huile, soi-disant digestive, que l'on tirait de la
houille.

Explosifs et gaz délétères

Pour s'approvisionner en munitions, les Allemands
transformaient, ai-je dit, l'ammoniaque synthétique
en acide nitrique par le procédé Oswald au catalyseur
de platine ; le *phénol* ne leur manquait pas, car ils le
tiraient de la houille ; mais comme ils ne possédaient
presque pas de pyrites, l'*acide sulfurique* leur fâisait
défaut ; ils le fabriquèrent avec du gypse (sulfate de
chaux) à l'aide d'un procédé qui sera décrit plus loin.

Quant à la *cellulose* qu'on retirait normalement du
coton, il leur fallut trouver le moyen de la fabriquer
avec de la pâte de bois.

Tous ces expédients réussirent si bien qu'à aucune
période de la guerre les armées allemandes ne man-
quèrent de projectiles.

Bien qu'il ne s'agisse plus de produits azotés, je
dirai ici quelques mots des gaz délétères dont firent

usage les Allemands, sur le front occidental, dès le printemps de 1915.

Les premières bouffées furent envoyées aux Anglais, puis aux Canadiens dans la région d'Ypres ; c'était du *chlore* (avril 1915). Complètement inattendu, ce procédé de combat produisit un tel effet que si les Allemands en avaient eu des quantités suffisantes pour l'employer sur tout le front avant que l'on sût s'en préserver, ils auraient infailliblement gagné la guerre. Sans doute ils se mirent incontinent à en intensifier la production, mais heureusement dans l'intervalle nous avions imaginé les masques qui protégeaient les hommes contre l'action de ces premiers gaz sur les voies respiratoires.

Pendant l'été de cette même année 1915, les Allemands chargèrent les obus de vapeurs de *brome* (gaz asphyxiants lacrimatoires).

Nous trouvâmes tout de suite des moyens efficaces de protection, mais pas encore de riposte.

Une nouvelle surprise nous attendait en décembre 1915, toujours près d'Ypres, — ce qui prouve avec quel acharnement l'ennemi s'efforçait de s'emparer de Calais. — Il mit en action le *phosgène*, contre lequel les masques se montrèrent encore efficaces.

Ce même phosgène fut aussi la base des attaques terribles, quoique infructueuses, contre Verdun.

Nos ennemis ne se servirent pas d'autres modes d'asphyxie jusqu'en juillet 1917 où l'*hypérite* fit son apparition. L'hypérite ou gaz moutarde (sulfure d'éthyle bichloré) se montra beaucoup plus redoutable, parce que la protection par les masques alors en usage était inefficace. Mais, comme en 1915, lorsqu'ils disposèrent de grandes quantités d'hypérite, un nouveau masque suffisamment protecteur était déjà trouvé.

Enfin l'arme la plus dangereuse fut, en 1918, le *gaz arsénieux* qui, pénétrant les tissus, produisait des étouffements et des nausées en sorte que le poilu était contraint d'enlever son masque ; dès lors, il absorbait par les voies respiratoires les gaz toxiques qui accompagnaient les particules arsénieuses et l'empoisonnement s'ensuivait.

A ces attaques successives, dès 1916, les Alliés répondirent par des moyens analogues qui finirent par égaliser les chances.

Puis, les forces des armées allemandes faiblirent visiblement à partir de l'été 1918 ; leur recul s'accentua sous la poussée victorieuse de Foch. Les gaz asphyxiants ne pouvaient plus les sauver ; et l'armistice, trop tôt signé le 11 novembre, ne couvrit plus qu'une armée en déroute. Les Allemands ont toujours prétendu que le virus qui les avait atteints était celui de la révolution. Cette thèse leur est indispensable pour qu'ils puissent continuer à s'affirmer supérieurs à tous les autres peuples.

Aujourd'hui les armes chimiques ont été remisées dans l'armoire aux poisons ; mais tout porte à croire que leurs fabricants en poursuivent l'étude et le perfectionnement. Savoir où ils en sont serait précieux pour nous et beaucoup plus utile que la découverte, à grand fracas, de mitrailleuses cachées au fond des puits ou de pistolets d'arçon et d'épées de gala ; car la prochaine invasion allemande sera précédée, en éclaireurs, de milliers d'avions opérant à longue distance et à grande hauteur, inattendus, invulnérables et chargés de milliers de bombes explosives, incendiaires et asphyxiantes qui remplaceront et détruiront au besoin les autres instruments de combat.

Pour l'instant, les quatorze grandes usines de produits chimiques, réunies sous le nom d'*Interessen Gesellschaft*, ont repris avec le même outillage et les mêmes éléments leur fabrication de *colorants artificiels* qui leur assurent d'autant plus de bénéfices que les concurrences, qu'on a tenté de leur monter en Amérique, en Angleterre et en France n'ont pas donné de résultats satisfaisants et, finalement, ont dû faire des ententes avec elles. Nous savons enfin qu'à toutes leurs opérations techniques si compliquées ils ajoutent aujourd'hui la fabrication de la *tétraline*, essence explosive obtenue par l'hydrogénation de la naphtaline tirée de la houille et qui entre dès à présent dans la composition du *Carburant national* allemand.

Cinquante années d'expérience, une armée de chimistes spécialisés, des milliers de brevets, des matières premières sous la main, un matériel compliqué qui demande des constructeurs spéciaux, une organisation et des méthodes de travail inconnues ailleurs, le tout sous la direction de personnalités de premier ordre, tels sont les avantages qui rendent imbattable l'industrie chimique allemande.

CHAPITRE IX

Au Danemark

Pour juger complètement de l'Allemagne, quelques incursions dans les pays limitrophes ne sont point inutiles.

Et d'abord le Danemark. On s'y rend par une quantité de voies différentes, suivant qu'on l'aborde dans sa partie continentale, le Jutland, qui communique avec Hambourg et Lubeck par plusieurs lignes de chemin de fer, ou qu'on navigue vers les îles danoises dont Copenhague occupe la principale, l'île de Seeland, séparée de la Suède par un détroit, le Sund.

L'une de ces voies maritimes quitte la terre à *Warnemünde*, tout près de Rostock, distante de Hambourg de quelque deux heures d'express.

Warnemünde

Warnemünde est une de ces nombreuses stations de bains de mer que les Allemands affectionnent. Située à l'embouchure de la petite rivière la Warna, dont l'estuaire forme un port minuscule, c'est un séjour d'été à l'usage des gens modestes ; petits hôtels, petites villas, petit casino avec une grande forêt de pins en arrière de la plage pour la promenade.

Comme le séjour n'y est pas folichon, on a mis des

musiciens partout, dans les hôtels, dans les restaurants, dans les cafés même les plus médiocres; les exécutants sont trois ou ils sont douze, mais toujours agréables à entendre. La musique et la bière aux Allemands tiennent lieu de tout.

Mais les fondateurs de cette petite ville n'ont pas négligé l'hygiène, et la cure se compose pour autant de bains de soleil que de bains de mer. A cette effet, toutes les petites maisons pour baigneurs, y compris les hôtelleries, portent de larges balcons vitrés, exposés au midi; ce sont des serres à étages, dont le plus élevé ressemble à un atelier de peintre ou de photographe. Ce qui prouve qu'en ce monde on fait surtout cas de ce qui est rare; sous ce climat, c'est le soleil; on s'évertue à n'en pas perdre un rayon. Cet ensemble sans luxe est cependant soigné et bien tenu.

Des bateaux de pêcheurs animent le paysage, mais la distraction principale est l'arrivée et le départ, plusieurs fois par jour, des paquebots pour le Danemark. Ces bateaux sont tous des ferry-boats, c'est-à-dire que le train arrivant de Rostock s'y engouffre tout entier, à l'aide d'un mécanisme et d'une manœuvre qui répartissent les wagons de l'arrière à l'avant du bateau sur deux voies parallèles. Les voyageurs peuvent à volonté rester dans leurs compartiments ou s'égailler sur le navire. Tous commencent par aller au buffet, quand il en existe un.

Le trajet pour gagner la plus méridionale des îles danoises, Laaland, dure une heure et demie; on ne ressent pas plus de houle que sur le lac de Genève Mais j'ai oublié de dire que l'embarquement est précédé de l'inévitable visite de la douane allemande, à laquelle succède, quand le train sort de son antre maritime, la douane danoise un peu moins minutieuse.

Et l'on reprend la voie ferrée à Gjeyser, à l'extrémité d'une pointe qui se rattache à l'île de Laaland. Et aussitôt on commence à traverser les belles prairies danoises peuplées par le magnifique bétail gris sombre qui donne le meilleur laitage qu'il y ait au monde et le plus abondant.

Enfin, pour atteindre Copenhague, il faut encore franchir un petit bras de mer, en quinze minutes, et reprendre une ligne ferrée qui vous amène en trois quarts d'heure dans l'élégante gare de la capitale du Danemark. Voyage bien fatigant pour les valises et même pour celui qui les porte. Mais dans ce pays-là chacun y est habitué et personne ne murmure.

Copenhague

Copenhague, que je n'avais pas revue depuis trente-cinq ans. s'est singulièrement agrandie et embellie dans l'intervalle. C'est une ville ravissante, spacieuse et correcte comme les cités allemandes, avec l'élégance en plus, et des maisons dont l'architecture fait plaisir à contempler. Elle avait trois cent mille habitants, elle en compte aujourd'hui six cent mille.

Il n'est pas dans mon plan de décrire à nouveau cette capitale[1], mais seulement d'y noter quelques particularités récentes et de faire faire au lecteur un tour rapide à travers le charmant pays danois.

1. Voir *De France en Allemagne* (1887) par Victor Cambon et, plus récemment, *la Scandinavie*, par Lecarpentier (P. Roger).

Copenhague se flatte d'être la reine de la Baltique, grâce à sa position géographique, à sa population et à son port qui, à l'imitation de Hambourg, se divise en port de trafic ordinaire et en port franc.

Ici un Français se sent tout à fait à l'aise; il est entouré de cordialité et de sympathie, car la crainte de l'Allemand fait le fond de l'existence politique du Danois et la France aurait dû toujours être son défenseur.

Le port franc date de 1895 ; il est donc de sept ans plus jeune que celui de Hambourg. Agrandi pendant la guerre, il couvre 52 hectares dont 34 hectares d'eau avec 4 800 mètres de quais. On l'a doté d'installations très modernes, de multiples voies ferrées, d'entrepôts spacieux, d'un peu de place pour des industries qui s'y exercent hors de l'intervention de la douane. Tout cela travaille électriquement, et, comme dans tous les autres ports d'où la bureaucratie est absente, les manœuvres s'y exécutent avec une remarquable célérité, d'autant plus que l'exploitation appartient à une société privée.

Copenhague possède aussi des chantiers maritimes renommés, dont le plus important est dirigé par la firme Burmeyer et Wain; c'est de là qu'a été lancé en 1911 le premier navire muni d'un moteur Diesel.

Le Danemark s'enorgueillit également d'avoir son Stinnes; il se nomme ici Andersen. Homme d'action remarquable, Andersen a donné un vaste essor à la navigation et au commerce d'exportation danois. Il préside aux destinées de la belle compagnie *Est-Asiatique* qui assure un service régulier vers l'Extrême-Orient. Les autres sociétés sont moins importantes.

Il n'y a dans les parages danois ni houle, ni marées; le seul ennemi de la navigation, ce sont les glaces en hiver; il n'est pas rare que l'on puisse alors traverser à pied sec les *Belts* qui séparent les îles danoises.

En été, le séjour de Copenhague serait charmant si la couronne de 1 fr. 10 ne valait pàs 3 francs français. Cette haute valeur monétaire gêne d'ailleurs encore plus les industriels danois au cours de l'année que les touristes qui leur rendent visite pendant une semaine. Tout le monde se plaint que les affaires sont dans le marasme et que les travailleurs chôment; mais à Copenhague seulement, car la capitale est la seule ville où l'industrie soit développée. Le Danemark est avant tout un pays agricole. Mais quels magnifiques herbages! Quels merveilleux produits les éleveurs tirent de la laiterie! Quelle succulente cuisine on prépare avec la crème et le beurre danois! Et comme on sait bien y ajouter les meilleurs poissons de la Baltique et de la mer du Nord! Et agrémenter le tout des plus généreux vins de France et des plus suaves liqueurs *des Iles*, comme on disait au grand siècle!

Si la science agronomique, dont tous les propriétaires ruraux sont des disciples fidèles, leur a permis, le sol aidant, de produire des denrées exquises, la Providence les a favorisés de la grâce d'apprécier leur bonheur. Je doute fort qu'il existe un autre pays où l'on mange autant et si bon et où l'on y apporte un culte aussi religieux.

Dans les rues de Copenhague, sur deux boutiques, il y en a au moins une de victuailles ou de spiritueux. Les passants s'y arrêtent avec complaisance et les détaillent en connaisseurs. C'est Potel et Chabot à des centaines d'exemplaires.

Mais il faut voir de quels soins on les entoure. Je marchais un matin, droit devant moi, dans une grande artère de la ville, lorsqu'un fourgon confortable, attelé de deux chevaux, s'arrêta au bord du trottoir, juste en face d'un marchand de comestibles. Le cocher descendit de son siège, tira de dessous le véhicule un arrosoir qu'il alla remplir à une fontaine voisine et se mit à arroser consciencieusement les alentours de son camion et le trottoir; je ne m'expliquais pas sa manœuvre; mais voilà qu'ouvrant le fourgon il en sortit délicatement une série de corbeilles à jour remplies de pêches, de raisins, de fruits superbes et de légumes de toutes sortes qu'il porta chez le marchand. Je compris alors que sa consigne était d'éviter qu'il n'y tombât de la poussière. On peut conclure de là ce que sont un office et une cuisine dans une maison aisée.

D'ailleurs, presque tous les Danois sont des gens aisés. Sauf dans la période troublée où nous vivons, la misère est rare; la plupart des maisons, riantes, fleuries et bien tenues, font plaisir à voir.

La bière également est aussi bonne ici qu'à Munich. Il existe à Copenhague une brasserie célèbre; son propriétaire, M. Jacobsen, qui se disait modestement élève de Pasteur et qui avait fait donner le nom de notre illustre chimiste à la rue qui conduit à ses établissements, après avoir réalisé une fortune considérable, a fait bâtir un musée, puis donné par testament à la ville sa splendide collection artistique.

Les lieux de distractions ne manquent pas non plus à Copenhague; mais il en est un qui éclipse tous les autres. C'est Tivoli. On peut bien le proclamer unique au monde.

Tivoli est un parc immense, aux arbres magnifiques, aux pelouses entrecoupées de petits lacs réunis par un cours d'eau, clos de toutes parts. Dans ce parc sont rassemblés tous les agréments que peut souhaiter un homme civilisé. Théâtre, jeux de plein air, terrestres et aquatiques, restaurants et cafés pour toutes les bourses, salles de conférences et de concerts avec des exécutions magistrales, délassements forains, ménageries, cirques, feux d'artifice, etc.

Le tarif d'entrée est modeste et, le soir, tout Copenhague est à Tivoli.

Voilà donc un peuple heureux. Il lui arrive cependant d'être mécontent. On a connu des préparatifs de révolution. Toutefois, ils n'ont jamais eu de suite, parce que, dit-on, les révoltes n'ont pas eu le temps de s'accomplir entre le déjeuner et le dîner et qu'ici les repas sont chose sacrée. Quant à l'exécuter le soir, il faudrait se priver de Tivoli; c'est tout aussi inadmissible.

Au Jutland

J'étais attendu dans le Jutland par le ministre de France au Danemark qui poursuivait une tournée officielle. Le vicomte de Fontenay, qui remplit ce poste depuis un an, a su se faire aimer de tous et, par conséquent, faire aimer la France. On trouverait difficilement un diplomate aussi actif et aussi attaché à son devoir. Descendant d'une longue lignée d'ambassadeurs et de chefs de légation, M. de Fontenay est la démonstration vivante que, dans cette carrière, il faut

des traditions de tact, de courtoisie mêlée d'habileté
et de connaissance, dès la première jeunesse, de l'échi-
quier politique européen. On se fait élire député, on
ne s'improvise pas ambassadeur. La monarchie française en tenait compte et Napoléon l'avait admis.
Talleyrand, de Narbonne, Caulaincourt étaient des
nobles; ce furent les plus fins négociateurs du Premier
Empire.

Il est à remarquer que les Allemands, ou plus exactement les Prussiens, eurent rarement des diplomates
de grande valeur. Avant la guerre ils l'avouaient quel-
quefois, non sans dépit, disant que tout le travail de
la nation était à chaque instant compromis par la faiblesse des agents politiques du Kaiser à l'étranger.
L'exactitude de cette opinion m'a été maintes fois
confirmée par l'un de nos plus éminents diplomates
qui me racontait que les ambassadeurs allemands à
Londres n'avaient jamais su discerner, pendant les
années qui ont précédé la guerre, les sentiments réels
de l'Angleterre à l'égard de l'Allemagne. Ils croyaient
à sa neutralité bienveillante. Il est vrai que ceux qui en
doutaient étaient immédiatement rappelés. Voilà ce
que le Kaiser n'a pas consigné dans ses mémoires.

Pour se rendre au Jutland, il faut repasser par les
alternatives réitérées de chemin de fer et de ferry-boats.
On s'y habitue. Le pays est partout plat et plantureux
et tous les gens qu'on voit sont à bicyclette. Le Danemark, plus encore que la Hollande, est le pays de la
bécane. Chacun, homme, femme, enfant, a sa bicyclette
dans le vestibule, comme on y a son parapluie, et l'en-
fourche quand il sort. Dans une maison où nous fûmes
reçus à Frédéricia, il y en avait quatorze, à savoir :

trois pour Monsieur, trois pour Madame, une pour chacun des quatre enfants, dont le petit dernier de cinq ans, une pour le chauffeur d'auto, une pour la gouvernante, une pour la cuisinière, une pour la femme de chambre. A Copenhague seulement, on compte deux cent mille machines. Les généraux, les ministres, le roi et la reine sans escorte, tout le monde roule en bécane. Rien n'est agréable à voir comme les bandes de jeunes Danoises à bicyclettes avec leur taille élancée, leur belle chevelure blonde et leur teint éclatant de fraîcheur.

Les réceptions, même officielles, dans la province sont pleines de bonhomie et de cordialité. Toutefois aux repas, d'une surabondance gargantuesque, il y a certains rites qu'il faut connaître. On se rend bien compte que le dîner est la grande solennité de l'existence. La table est un autel dont les convives sont les fidèles et les gens de service les officiants. Puis viennent les toasts, courts, mais nombreux. On se pique au Danemark de parler français. Chaque convive a devant lui en guise d'holocauste un petit verre de Voitki, un grand verre de bière, plusieurs verres de vins de choix, une coupe de champagne et une élégante terrine de beurre dont il étend un morceau sur chaque bouchée de pain. Enfin tous se séparent avec force manifestations d'amitié pour recommencer le lendemain.

Dans l'intervalle, on visite quelques fermes, ou plus exactement quelques propriétés rurales, car il y a fort peu de fermiers. Le paysan danois est généralement propriétaire, si l'on peut appeler paysan un Monsieur chez qui l'on trouve un salon, un fumoir, une bibliothèque, quantité de journaux, une cuisine reluisante et tous les perfectionnements de la civilisation.

Tel est le Danemark, dont il faut surtout visiter les établissements d'instruction et d'exploitation agricole, qui peuvent servir de modèles aux producteurs de bétail du monde entier; mais cette description sortirait de mon cadre.

Le viaduc de Rendsbourg

Il me faut reprendre par la voie ferrée, à travers le Jutland, le chemin de Hambourg.

Au long de ce parcours, nord-sud, dans des wagons délicieusement propres et coquets, on franchit l'ancienne, puis la nouvelle frontière entre le Danemark et l'Allemagne.

La partie du Schlesswig-Holstein que le traité de Versailles a rendue au Danemark mesure environ 2 500 kilomètres carrés et contient quelque 300 000 habitants. Elle s'étend jusqu'à Flensbourg.

Passé la douane, on arrive en une heure à Rendsbourg sur la rive nord du *Canal Empereur-Guillaume*, de Kiel à l'embouchure de l'Elbe. Cette œuvre immense que j'ai décrite dans les *Derniers progrès de l'Allemagne*, conçue avec le but purement militaire de faire passer la flotte allemande de la Baltique à la mer du Nord, en évitant les détroits, avait coûté 156 millions de marks; mais quand on augmenta le tonnage des dreaghnouts, il fallut accroître les dimensions de cette voie d'eau. C'est le travail que l'on exécuta de 1909 à 1914, et qui coûta 224 nouveaux millions. Il fut terminé au mois de juillet 1914 et, trois semaines après, la guerre était déclarée

Un des viaducs sur le canal de Kiel.

Comme il fallait laisser franchir le canal par plusieurs routes et voies ferrées et que, d'autre part, la marine de guerre avait proscrit les ponts tournants ou autres procédés de traversée à niveau, on a dû construire, avec rampes d'accès, des viaducs gigantesque-sous lesquels les plus hauts mâts de navire puissent librement circuler. Ils sont au nombre de quatre le long du canal. Ce sont de véritables débauches d'acier, mesurant deux à trois kilomètres de longueur, car toutes les rampes sont métalliques. Deux sont aux environs de Rendsbourg (on en voit un sur la photographie en diptyque). La hauteur du plafond au-dessus de l'eau est de 42 mètres et la largeur du passage entre les piles de 150 mètres.

De militaire, le canal de Kiel est devenu commercial, et, depuis le traité de paix, le trafic va sans cesse en augmentant.

CHAPITRE X

Berlin

Depuis un quart de siècle que je visite Berlin presque tous les ans — les années de guerre exclues — je n'avais jamais vu tant de matériaux de construction en mouvement. Et pourtant la capitale du Reich est une ville où l'on avait énormément bâti antérieurement, puisque sa population était passée, en cinq années, de un million à trois millions et demi d'habitants.

L'accroissement, estimé avant guerre à 50 ou 60 000 têtes par année, exigeait une perpétuelle activité dans l'industrie du bâtiment, surexcitée encore par la situation de plus en plus fortunée des Berlinois. Partout les vieilles et modestes bâtisses faisaient place à des immeubles neufs et généralement prétentieux.

Les bouleversements dus à la guerre, loin de ralentir l'afflux de l'extérieur, l'ont au contraire accéléré, parce qu'une multitude d'Allemands, chassés de leurs colonies ou de leurs résidences à l'étranger, rentrés dans leur patrie, sont venus s'entasser presque tous dans les grandes villes.

Devant l'impossibilité de caser tout ce monde les pouvoirs publics ont dû prendre des mesures rigoureuses dont la principale a été, pour les occupants d'habitations particulières, de déclarer les pièces qui ne leur sont pas indispensables et d'accueillir gratuitement les personnes que la municipalité leur envoie. C'est de cette façon notamment que sont logés la plupart des étudiants de l'Université et des grandes écoles de Berlin.

Il y a trois ans, on ne pouvait trouver de chambres dans un hôtel sans les avoir retenues longtemps d'avance. Aujourd'hui, l'affluence est moindre dans les palaces. On s'aperçoit que le nombre des Allemands qui peuvent payer une chambre de 1 000 à 2 000 marks par jour (de 10 à 20 francs en août 1922), va en diminuant. Le service y est resté bon et la cuisine présentable.

L'hôtel Adlon

Parmi ces grands caravansérails, il en est un depuis longtemps bien connu et que la guerre a rendu historique. C'est *l'hôtel Adlon* sur la Pariser Platz, à l'entrée des Linden, en face de l'ambassade de France.

Voici l'impression que j'en avais gardée en 1919, et qui se trouve notée dans l'*Illustration* du 7 février 1920.

L'hôtel Adlon abrite diverses commissions particulières à chaque nation de l'Entente. Bien plus que les ministères, il est le foyer des intrigues et combinaisons qui se nouent et se dénouent, se cachent ou se révèlent entre les Gouvernements. Si les murs pouvaient parler !

Le temps est loin où Bismarck tout-puissant disait avec sa coupante ironie : « A Paris les poissons parlent, à Berlin les perroquets sont muets. » Que de perroquets de plumages variés sont perchés à tous les étages de l'Hôtel Adlon ; diplomates, officiers, journalistes, hommes de finance, commissaires, espions, sans compter la foule des fêtards berlinois !

A observer les occupants de cet antre de la politique mondiale, on se rend compte que la Société des Nations *est le moindre de leurs soucis. Chacun ici, vieux peuples victorieux ou jeunes nations enfantées par la guerre, s'occupe de soi, avec l'idée bien arrêtée de se hausser le plus possible au-dessus des autres. On croirait voir revivre ici la confusion légendaire de la Tour de Babel.*

Regardez ces petits hommes au teint jaune, qui s'agitent et que l'on rencontre partout : ce sont des Japonais. Ils pullulent en Allemagne, et il en est de même partout, de Berlin à Vladivostok. « Ils sont, me dit quelqu'un, les vrais profiteurs de la guerre. »

Peut-on s'empêcher de songer avec quelque angoisse que le massacre de dix millions de blancs et la ruine de tant d'Etats européens favorisent de nos jours l'irrésistible poussée de l'humanité vers l'ouest !

Qu'y a-t-il de changé aujourd'hui ? Il y a ce qui suit :

A Berlin, écrivais-je encore, une multitude d'industries sont en chômage complet et l'on y compte plus de cent mille ouvriers sans travail, vivant péniblement de maigres allocations gouvernementales. Ils forment l'armée de la Révolution et l'on voit sur maintes façades la trace de leurs sanglantes rébellions. Contre ces spartakistes ou communistes, les bourgeois ont levé des corps de volontaires qui font sentinelle au coin des rues. Ces gardes civiques sont de deux sortes : municipales et nationales : les premières restent au service de la cité, les autres sont

appelées à aller au loin prêter main-forte à l'autorité
partout où des soulèvements se produisent.

Aujourd'hui, il n'y a plus de chômeurs, mais l'armée
de la Révolution est plus menaçante que jamais.

Les travaux neufs

Mais, assez de politique. Revenons au programme
de ce livre et voyons ce que font les chômeurs
de 1919.

On en voit d'abord des milliers et des milliers
occupés à achever une branche nouvelle du Métropolitain de Berlin, qui s'étendra du nord au sud en
passant par le centre de la ville. La Friedrichstrasse
est d'un bout à l'autre éventrée par cette entreprise
et transformée sur toute sa largeur en une tranchée de
8 mètres de profondeur ; car ce travail se fait à ciel
ouvert, sauf aux croisements des rues où des ponts
provisoires sont jetés sur ce fossé béant.

Là encore il y aurait beaucoup à retenir pour des
ingénieurs de villes, des méthodes et engins employés
pour travailler économiquement et vite. Je note particulièrement le plan d'ensemble d'après lequel les
égouts, les canalisations de toutes sortes, les tubes
pneumatiques et autres, les trottoirs, les rails, le
pavage sont établis solidairement avec le futur tunnel,
comme si tout faisait partie d'une seule et même entreprise. C'est du très bon taylorisme.

Plus nombreux encore sont les ouvriers du bâtiment
juchés sur les échafaudages qui enserrent une quantité
invraisemblable d'immeubles. Les possesseurs de
capitaux qui ne les exportent pas au dehors pour les

transformer en devises étrangères, les affectent à des créations ou agrandissements immobiliers ou industriels; opération tout à fait logique, d'abord parce qu'étant donné le peu de valeur réelle des salaires en marks, ces travaux sont moins chers qu'à toute autre époque; ensuite parce que si le mark s'effondra, les constructions en pierre ou en métal ne s'effondrent pas. Toute l'économie politique allemande est basée sur ce principe : s'assurer le meilleur outillage qu'il y ait au monde, afin qu'au jour où, les entraves entre peuples étant abolies, toute concurrence à l'Allemagne soit impuissante.

Dans leur industrie actuelle et plus encore dans leurs préparatifs de production, les Allemands se préoccupent, à un égal degré, de la technique et de l'organisation; c'est ce qui les distingue des Américains chez qui l'organisation passe avant la technique et des Français qui négligent d'étudier et d'appliquer les principes de l'organisation, et ne préparent leur jeunesse studieuse qu'à la technique pure.

Calculateurs réfléchis, les hommes d'affaires allemands se rendent compte que les matières premières exotiques étant pour eux presque inabordables, celles qu'ils produisent étant limitées, tous leurs efforts doivent se tourner vers la fabrication d'articles finis, prêts pour la consommation. Les renouveler, en créer de nouveaux, exploiter des inventions qui leur assurent de l'avance sur les autres pays, voilà leur politique, en attendant qu'ils puissent reprendre la maîtrise des grands marchés internationaux.

Ainsi s'expliquent ces travaux publics cyclopéens dans tous les genres et toutes les régions, malgré la détresse du Trésor. L'instrument le plus employé pour les entreprendre est la planche à assignats.

Parmi les grands projets berlinois dont la guerre a retardé l'exécution, se trouve un gratte-ciel de je ne sais combien d'étages en plein centre de la ville, entre la gare de la Friedrichstrasse et la Sprée. Plusieurs hectares, qui lui seront affectés, ont été déjà déblayés et, en attendant, remplis de baraques foraines. Cette innovation dans le genre américain sera certainement curieuse.

Musées et Théâtres

A cette heure, l'assortiment des articles dans les grands magasins laisse, pour beaucoup, passablement à désirer ; et l'un des symptômes qui montrent que la détresse du plus grand nombre n'est pas imaginaire, est le nombre des tables vides dans les grands restaurants, non moins que la qualité inférieure du moka dans les cafés les plus opulents.

Une statistique qui m'est tombée sous la main donne les chiffres suivants d'étrangers *installés* à Berlin : Suédois, 2 850 ; Danois, 2 500 ; Américains du Nord, 2 207 ; Russes, 1 812 ; Polonais, 1 809 ; Autrichiens, 1 598 ; Norvégiens, 1 490 ; Tchèques, 1 209 : Anglais, 1 285 ; Suisses, 826 ; Français, 647 ; Belges, 343.

J'ai vainement cherché dans Berlin des constructions neuves somptuaires ; les seules qui en aient le caractère sont des musées ; on sait que dans cette capitale, la richesse des collections de toutes sortes est prodigieuse, mais, à part les grands musées de peinture et de sculpture, la plupart des collections ont un but plus documentaire qu'artistique; dès lors, on ne peut les considérer comme des créations de luxe. A signaler dans cette catégorie le bâtiment considérable, en construction à cette heure, derrière la galerie de peinture, destiné à recevoir les antiquités asiatiques, les découvertes de Pergame et le musée égyptien.

Les théâtres sont à peu près aussi nombreux que les musées; ils se distinguent plus par le confortable pratique de leurs aménagements que par leur luxe. Je n'en ai vu que deux qui fussent relativement neufs : le *Volskbuhne* (théâtre populaire) de deux mille places, achevé en 1914, qui a ceci de particulier qu'il est *coopératif.* Les abonnés en sont en même temps les actionnaires. On y joue les pièces les plus compliquées et les opéras célèbres avec un orchestre et des distributions de premier ordre. On ne pourrait entendre nulle part la tétralogie de Wagner mieux exécutée. La décoration est sobre, mais tout y est largement conçu et soigneusement organisé, particulièrement les dégagements et les vestiaires, dans lesquels on trouve autant de cases que de places dans la salle. Le numéro que la préposée donne à chaque arrivant est automatiquement le même que celui de son siège au spectacle. De toutes les places, la visibilité est parfaite ; la scène est tournante. Le chauffage et la ventilation se font par une prise d'air qui a son orifice sous chaque fauteuil.

Une scène populaire plus vaste encore a été construite très récemment au nord et à peu de distance des Linden; on y joue des opérettes, genre de spectacle où les Allemands n'excellent point.

L'apparition de ces bâtisses et la disparition des officiers prussiens, voilà tout ce que j'ai découvert de

CHARLOTTENBOURG-BERLIN. — L'Ecole polytechnique.
(Photo. D F. Stoedtner, Berlin.)

récent dans la capitale du Reich. Je ne parle pas des
établissements industriels situés à la périphérie et
dont le nombre s'est accru, mais peut-être relativement
moins que dans certaines autres villes allemandes.
Toutefois ce qui suit est une nouveauté singulièrement
inattendue.

Napoléon à Berlin

Il ne s'agit pas ici de l'entrée triomphale de l'Empereur à Berlin le 26 octobre 1806, après Iéna, mais
d'une apparition de Napoléon dans la capitale prussienne en 1922

On sait combien est populaire et vivant son souvenir en Allemagne. Dans chaque ville, on voit aux
vitrines, comme chez les particuliers, des portraits, des
bustes, des gravures qui rappellent le héros de la
Grande Épopée. Et même il y avait à Hanovre, en
1913, un riche magasin où se vendaient exclusivement
des reliques napoléoniennes.

Partout où l'Empereur a passé, une inscription ou
un monument en perpétue le souvenir. Dans le vaste
parc public de Dusseldorf s'élève un tertre d'où il
vint un jour contempler la ville : la date en est inscrite
sur une plaque de marbre et, depuis lors, le tertre se
nomme le *Napoléonsberg*. A Francfort, il s'asseoit
quelques instants sous un arbre séculaire ; une inscription religieusement conservée en fait foi et l'arbre
devient le *Napoléonsbaum*.

Sur la colline escarpée qui domine Iéna, les vaincus ont dressé une sorte de petit temple à l'endroit
précis d'où Napoléon dirigeait la bataille. Cette hauteur jadis appelée le Graffenberg, se nomme désor-

mais le *Napoléonsberg*. Un disque d'orientation désigne la position des divers corps d'armée français et ennemis à toutes les heures de la célèbre journée. C'est là que jadis on amenait les jeunes officiers allemands apprendre l'art de la guerre.

A Leipzig enfin, pas un visiteur, pas un habitant ne se dispense du pèlerinage de *Probstheida* où une colonne de granit, surmontée du petit chapeau légendaire et de l'épée de l'Empereur, en bronze, et entourée d'un grillage fleuri, marque l'emplacement du quartier général de Napoléon pendant la terrible bataille des 18 et 19 octobre 1813. De ce point, on embrasse la gigantesque silhouette du monument que les Allemands ont élevé par souscription au souvenir de leur victoire ; le *Vœlkerschlagdenkmal* est très probablement le plus volumineux amoncellement de pierres que les hommes aient dressé depuis les Pyramides. Son inauguration lors du centenaire de la bataille, le 19 octobre 1913, ne porta pas bonheur au kaiser ; car ce fut bien, je crois, la dernière manifestation publique sensationnelle du monarque aujourd'hui déchu.

Puis-je ne pas rapporter à cette occasion le mot d'un Saxon devant qui je m'étonnais des dimensions colossales de cet édifice. — « Il est moins grand encore que l'honneur d'avoir vaincu Napoléon » — fut sa réponse. Cette appréciation glorieuse pour nous arrêta sur mes lèvres les vers du poète que je me préparais à lui rappeler :

> *Mais combien étiez-vous au jour de la curée*
> *De corbeaux acharnés contre l'aigle expirant ?*

Le drame

Eh bien! c'est *l'Aigle expirant* qui, chaque soir à Berlin, remplit de spectateurs attentifs et impressionnés l'un des plus vastes théâtres de la ville sous le titre de NAPOLÉON OU LES CENT JOURS.

La suite des événements forme un drame qui se déroule en une douzaine de tableaux où règne une extraordinaire intensité d'action.

Le premier tableau représente une scène populaire dans une rue de Paris ; des bourgeois, des artisans, de vieux grenadiers, des émigrés, des demi-soldes, des bateleurs, des policiers, vont et viennent, s'abordent, se querellent. Cris, chants, provocations, arrestations, etc. Tout ce tumulte a pour cause la nouvelle, incertaine encore, du débarquement de l'empereur au golfe Juan.

Le deuxième tableau nous montre Louis XVIII sur son trône, entouré de sa cour et de ses ministres, le comte d'Artois, les ducs de Berry et d'Angoulême, le duc de Blacas, le comte de Villeneuve ; ces personnages se livrent à des propos futiles où les coutumes de l'ancien régime reparaissent avec leur élégante frivolité. Cependant on chuchote la nouvelle du débarquement, auquel d'ailleurs personne ne veut croire et que l'on raille, à l'exception de la comtesse de Choisy qui adjure pathétiquement, mais en vain, la cour de se tenir sur ses gardes.

Le retour de l'Ile d'Elbe

C'est au troisième tableau qu'apparaît Napoléon. Il

est à l'île d'Elbe ; Bertrand et Cambronne se tiennent
auprès de lui. Suivant les principes de la mise en scène
moderne, le décor est d'une simplicité pour ainsi dire
toute primitive. Il représente un petit bastion surélevé
et crénelé auquel on accède par une rampe. L'empereur, dans sa tenue traditionnelle, est debout sur le
bastion. Les généraux et les officiers vont et viennent,
suivant les ordres qu'il donne, le long de la rampe ;
le tout se détache sur un horizon indéfini où la mer se
confond avec le ciel bleu. Voilà toute l'île d'Elbe.
Mais les variations de lumière que l'on fait jouer dans
cet horizon sont d'un effet prestigieux. C'est, à volonté,
le grand jour où le crépuscule, l'aurore, le clair de lune
ou les ténèbres, avec toutes les teintes intermédiaires
qui s'accentuent ou s'estompent insensiblement à
mesure que l'action se poursuit. Tantôt les personnages
sont éclairés par devant et apparaissent en pleine
lumière, tantôt, au contraire, la lumière les frappe
venant du fond de la scène et, comme toute la salle est
dans une profonde obscurité, ils se dressent en
silhouette sombre sur le fond de l'horizon lumineux.

Tous les théâtres neufs en Allemagne ont adopté
ces procédés où la science de l'éclairage remplit le
principal rôle. On estime que le décor n'est pas placé
là pour faire valoir le décorateur, mais pour donner
toute la vigueur à la scène que l'on représente au
public.

C'est ce qu'a entrepris chez nous le fondateur du
Vieux-Colombier avec autant de courage que d'intelligence, mais avec une insuffisance de moyens qui
ne lui permet pas de réaliser les effets extraordinaires

que l'on obtient sur une scène plus vaste grâce à des aménagements vraiment scientifiques.

Napoléon entretient ses fidèles compagnons de la situation de la France et de l'Europe et leur annonce qu'il a décidé de quitter l'île d'Elbe à la tête de ses six cents grenadiers ; il leur explique le plan qu'il a conçu et donne à chacun les ordres à exécuter.

Cette scène ne manque pas de grandeur. L'artiste chargé du rôle de Napoléon a les moyens physiques nécessaires, la voix mordante, les gestes impérieux et brusques ; il respecte scrupuleusement les attitudes historiques de l'empereur. Mais la nuit tombe et chacun court à son poste.

Nous retrouvons au quatrième tableau le vieux Louis XVIII et sa cour, c'est-à-dire les mêmes personnages, accompagnés de quelques seigneurs de moindre importance. Ils sont informés, officiellement cette fois, du débarquement et de l'entrée de Napoléon à Grenoble ; tous, excepté la comtesse de Choisy, daignent considérer cette entreprise comme une folie téméraire et sans conséquence. On discute sur quelques mesures à prendre, toutes plus puériles les unes que les autres, et comme un maître d'hôtel vient prévenir que Sa Majesté est servie, on renvoie au lendemain les affaires sérieuses et tous se dirigent, gais et confiants, vers la salle à manger, pendant que la clairvoyante comtesse les conjure une dernière fois d'une voix désespérée d'appeler sur le champ toute la Nation aux armes.

Le cinquième tableau est certainement la maîtresse pièce du drame. On le croirait tiré de la *Psychologie des Foules* de Gustave Le Bon, mieux encore de quelque drame de Sophocle ou de Shakespeare.

Sur la scène aucun décor. Il fait nuit. Une foule d'hommes et de femmes ameutés, hurlants, s'agitent autour d'un poteau surmonté d'une lanterne allumée qui jette sur eux une lueur sinistre. De la lanterne pendent une corde et des lambeaux de vêtements qui indiquent qu'on a dû y accrocher quelque aristocrate.

Sur la rumeur que Bonaparte est en route et que les Bourbons vont partir, des troubles ont éclaté; les vieux montagnards croient leur heure revenue. Ils se réunissent dans les carrefours appelant le peuple à la Révolution. Un tribun harangue la foule; il monte sur une charrette qui passe et dans sa déclamation furieuse retentissent à chaque phrase les noms de Danton, de Robespierre et de Marat. A bas les Capets! à bas le Corse! et la foule grouillante hue ces noms maudits.

Mais voici qu'accourt, haletant de fatigue et d'émotion, tel le soldat athénien de Marathon, un messager qui annonce que l'Empereur, à la tête de son armée, a dépassé Fontainebleau et qu'il sera dans quelques heures à Paris. A ces mots tout s'immobilise; le tribun se tait; un silence effaré a succédé aux clameurs. La magie du grand nom fascine le lion populaire.

On voit au premier plan le tribun courber la tête; il murmure des mots entrecoupés. On perçoit qu'il se souvient d'avoir été caporal dans la Grande Armée et servi, lui aussi, l'empereur. Même il a conservé sa cocarde tricolore. Il la tire lentement de sa poche, l'épingle sur sa poitrine et jette au loin son bonnet phrygien. Enfin, se tournant vers la foule interdite, il parle maintenant de gloire, de patrie, de Marengo et d'Austerlitz. « Napoléon, dit-il, avec ses six cents hommes, vient de faire plus de besogne en quinze jours que tous les diplomates européens, réunis à Vienne depuis un an! » Il s'écrie qu'il va rejoindre l'Empereur et invite le peuple à le suivre. Alors, d'un seul élan et, comme mue par une force supérieure, cette masse d'hommes se jette sur les pas du vieux caporal aux cris de VIVE L'EMPEREUR !

Au sixième tableau qui clôt la première partie, Napoléon est sur la route de Paris avec sa petite troupe de héros. Cambronne, Bertrand, Labédoyère se tiennent à ses côtés. Il passe en revue ses six cents grenadiers, leur annonce que la victoire couronne leur entreprise, une victoire qui n'a pas coûté un seul coup de fusil. Ils touchent au but. L'aigle a volé de clocher en clocher; il va atteindre les tours de Notre-Dame, Longues acclamations.

Waterloo

La bataille de Waterloo forme la deuxième partie.

Au premier tableau, voici un bivouac de soldats prussiens, animé par les plaisanteries des uns et les terreurs comiques de quelques jeunes *Michels* qui aspirent à retourner au pays. Blücher traverse le camp et annonce à tous la bataille prochaine.

Le second tableau montre le quartier général de Napoléon qui donne ses ordres d'attaque. Il règne là un va et vient haletant, précipité, d'officiers et de porteurs de nouvelles.

Avec cette scène, le bal historique des officiers anglais

la veille de Waterloo, à Bruxelles forme un saisissant contraste. Wellington et les principaux chefs britanniques y figurent en somptueux uniformes rouges. Tout à coup, au milieu des danses et des flirts, on vient les prévenir de l'approche de l'armée française. Tous courent aux armes.

Les tableaux suivants représentent successivement les Anglais dans leur résistance au mont Saint-Jean, l'arrivée de Blücher sur le champ de bataille et les Français serrés autour de leur empereur qui continue, impassible, à diriger l'action. On voit les grenadiers de la vieille garde lui faire une muraille de leurs carrés inébranlables : jusqu'au moment où une dernière estafette accourt, annonçant que tout est perdu. Napoléon, à cette nouvelle, courbe la tête, prononce d'une voix sourde quelques mots de désespoir, entremêlés de réflexions philosophiques un peu inattendues, puis se retire à pas lents du champ de bataille.

Cette fin détone. Elle n'est conforme ni à l'histoire, ni au caractère du maître de la guerre. Pourquoi ce semblant injurieux de rapprochement avec un autre empereur qui, cent ans plus tard, prétendait, lui aussi, jouer au Napoléon ? Puisque l'auteur donne à son héros dans le grand drame un rôle surhumain, combien il eût été mieux inspiré en le montrant emporté loin du carnage final par quelques-uns de ses vieux braves !

Un à un, ces derniers tombent sous la mitraille. Cambronne, sommé de se rendre, lance à l'ennemi sa réponse légendaire, puis, blessé, s'affaisse au milieu d'eux. Et lorsque le dernier grenadier du dernier carré

BERLIN. — Le théâtre de la ville où se joue « Napoléon aux cent jours ».
(Photo. Dr F. Stoédiner, Berlin.)

de la Garde Impériale a mordu la poussière, apparaissent à droite et à gauche de la scène, Blücher et Wellington qui, passant sur le corps de nos soldats mourants, s'embrassent et se félicitent de leur victoire.

Et les pans du rideau se referment sur cette vision, aux applaudissements des spectateurs surexcités.

Mais quand leurs acclamations rappellent les interprètes de l'œuvre, ce n'est point Blücher, ce n'est point Wellington, c'est Napoléon seul qui revient saluer le public.

Épilogue

L'histoire raconte que lorsque Louis XIV força de venir lui rendre hommage le doge de Venise à qui la Constitution de la République sérénissime interdisait de quitter ses lagunes, le grand Roi lui demanda ce qui l'étonnait le plus à Versailles — « c'est de m'y voir » — répartit le doge.

Un Français pourrait en dire autant des représentations de *Napoléon aux Cent jours* à Berlin en 1922, surtout en songeant que la scène qui les abrite est un théâtre de l'État prussien, quelque chose comme chez nous la *Comédie-Française* ou l'*Odéon*. Et pourtant personne en Europe ne s'en montre surpris, tant le prestige de l'Empereur des Français domine encore toutes les imaginations. Il n'est pas un Allemand qui ne lise religieusement les œuvres de Gœthe, le plus grand génie qu'ait produit la race germanique. Or, Gœthe qui avait eu avec Napoléon, à Erfurth, une entrevue restée célèbre, a écrit sur lui :

« Napoléon, voilà un homme ! Toujours lumineux, toujours clair, décidé, possédant à tout instant l'énergie d'exécuter immédiatement ce qu'il a reconnu avantageux ou nécessaire. Sa vie a été celle d'un demi-dieu. On peut dire que pour lui la lumière de l'esprit ne s'est pas éteinte un instant. Aussi sa vie a-t-elle brillé d'une splendeur que le monde n'avait pas vue avant lui et que sans doute il ne verra plus. »

Transportons-nous, pour terminer, dans une petite ville du Jutland. C'était le 15 août. Chez un notable danois, se trouvaient réunis, autour d'une table fort bien servie, quelques personnages de marque parmi lesquels le chef de la Légation de Belgique, un évêque et un prêtre belges, deux colonels danois, etc.; nous n'étions que deux Français. Au dessert, plusieurs convives portèrent des toasts chaleureux. Le plus âgé des deux officiers danois commença ainsi : « Personne ici ne doit oublier l'anniversaire de ce jour. Il y a aujourd'hui cent cinquante-trois ans qu'est né Napoléon et je suis sûr d'être agréable à nos amis les Français qui sont ici en buvant à la mémoire de leur Empereur qui fut l'homme le plus extraordinaire de tous les temps... »

Et, dans ce milieu si divers, les applaudissements furent unanimes.

C'est que chacun se dit à cette heure, au milieu du chaos où le monde semble prêt de tomber, qu'il faudrait pour tout remettre en place un nouveau Napoléon !

Quelques industries nouvelles

Quiconque voyageait fréquemment en Allemagne avant la guerre, était frappé non seulement des accroissements ininterrompus de son industrie, mais plus encore du renouvellement incessant des procédés de fabrication et de la création à jet continu d'articles inédits. La science est à la base de tous ces progrès.

Il ne pouvait être douteux que les nécessités de la guerre et du blocus maritime activeraient encore cette course aux nouveautés ; c'est pourquoi j'ai répété maintes fois dans la presse que l'étude des procédés de l'industrie allemande serait, aussitôt le pays rouvert aux étrangers, plus utile que jamais aux industriels de tous les pays.

Quelques-uns l'ont fait, mais elle méritait d'être conduite avec un plan d'ensemble, car une personnalité isolée, quelle que soit son attention, ne peut rapporter que des renseignements fragmentaires.

C'est mon cas, et je m'en excuse, en présentant ici quelques aperçus sommaires *d'industries nouvelles*, le plus souvent sans liaison les uns avec les autres.

On peut remarquer, comme observation d'ordre général, que les principaux efforts de l'ingéniosité technique allemande portèrent et portent encore naturellement sur les objets ou le remplacement des objets dont ils étaient le plus durement à court.

L'acide sulfurique tiré du gypse

L'un des premiers, dont la privation eût mis inexorablement fin à leur résistance, a été *l'acide sulfurique*. Les Allemands ne pouvaient plus se procurer de pyrites espagnoles. Ils firent main basse, avant l'entrée en guerre de l'Italie, sur les stocks de soufre accumulés en Sicile, grâce à l'insouciance de l'administration française, qui, malgré nos appels pressants, négligea de les accaparer ; mais ces quantités limitées de matières premières pour la fabrication de cet acide ne pouvaient les alimenter que pendant le temps qu'ils emploieraient à en imaginer d'autres.

Nous apprîmes bientôt qu'ils avaient trouvé le moyen de fabriquer de l'acide sulfurique en le tirant du gypse ou sulfate de chaux. Il n'y aurait pas lieu de mentionner cette fabrication de guerre, en principe extrêmement onéreuse, si par un artifice remarquable ils ne l'avaient rendue assez pratique pour être poursuivie pendant la paix. Les premières recherches que j'avais faites pour la découvrir n'avaient pas abouti parce qu'en effet elle avait été tout d'abord abandonnée à la fin des hostilités comme offrant des prix de revient exagérés.

Mais depuis deux ans, le procédé modifié a été repris par les grands Etablissements *F. Bayer, de Léverkusen* sur le Rhin.

Il emploie comme matières premières de l'argile, du

gypse et du charbon, en proportions rigoureusement définies, intimement mélangés et finement pulvérisés. La calcination de ce mélange produit du *ciment* et donne comme résidu de l'*acide sulfurique* commercial.

L'installation comporte des fours rotatifs de 60 mètres de longueur, légèrement inclinés sur l'horizontale, garnis de briques réfractaires.

L'entrée des matières à calciner se fait à la partie la plus élevée du four, et elles descendent graduellement vers l'extrémité opposée, tout en étant chauffées à une température de 1 100 à 1 200 degrés au moyen d'un chalumeau à charbon pulvérisé. Il se dégage une série de gaz qui sont canalisés. Parmi ces gaz se trouve de l'acide sulfureux produit par la réduction du gypse. Une purification méthodique retient les gaz inutiles et cet acide sulfureux ainsi isolé est envoyé dans la canalisation générale des gaz sulfureux provenant des fours à pyrites situés à proximité. Ce courant gazeux est dirigé sur des catalyseurs qui le transforment en acide sulfurique.

Comme on le voit, le produit principal est ici le ciment, et l'acide sulfurique n'est qu'un résidu ; c'est ce qui rend l'opération rémunératrice.

La production journalière de deux fours est, m'a-t-on dit, de 80 000 kilos d'acide sulfurique concentré par jour.

L'utilisation des mâchefers

Une autre utilisation de résidus plus importante et extrêmement curieuse est née, tout récemment, de la pénurie de combustible qui sévit dans toute l'Allemagne. Elle s'est faite sous l'impulsion du ministre des Travaux publics.

Il s'agit de récupérer dans les cendres et les mâchefers des foyers les quantités appréciables de coke.

Le procédé consiste en deux opérations distinctes : 1° Les cendres ou menus mâchefers que l'on fait passer par un crible à mailles de deux centimètres de diamètre sont versés sur un tapis incliné sous lequel on développe un champ magnétique (électro-aimant) qui retient sur les tambours les parties non combustibles, tandis que le coke, indifférent à cette attraction, glisse jusqu'au bas du tapis et se trouve ainsi séparé; 2° Les mâchefers plus volumineux qui n'ont pas passé à travers le crible sont traités par le procédé humide *Méguin* qui permet de séparer le coke dont la densité est moindre que celle des mâchefers, au moyen d'un liquide de densité supérieure à celle du coke et inférieure à celle des mâchefers; le premier flotte, les seconds vont au fond du bassin.

Le coke à gros grains est vendu tel quel, la poussière est agglomérée en briquettes.

Une première usine a été montée à Eidelstet près de Hambourg et comme elle a donné satisfaction, treize autres fabriques semblables sont en construction à Altona, Schwerin, Stettin, Berlin, Leipzig, Magdebourg, Dresde, Halle, etc...

On prévoit que ces treize premières usines produiront 250 à 300 mille tonnes de coke ou de briquettes provenant principalement des foyers de locomotives.

Quant aux mâchefers non combustibles, ils ne sont pas rejetés, mais convertis en briques de construction dont on évalue le nombre annuellement à 130 millions,

Une plus ample généralisation de ce procédé pourrait atteindre jusqu'à un million de tonnes de coke récupéré. Rien ne démontre mieux la pénurie de combustibles dont souffre l'industrie dans toute l'Allemagne; mais cela démontrerait également, à défaut de beaucoup d'autres preuves, l'activité de cette industrie.

Wagons de cinquante tonnes

Concurremment avec la disette de combustible, la pénurie de wagons inquiète vivement à cette heure l'industrie allemande; aussi a-t-elle résolu d'adopter et de construire en série des wagons de marchandises de cinquante tonnes, analogues à ceux qui circulent aux États-Unis. La première série en comprend deux cents.

Ces wagons, sous le passage desquels il est nécessaire de renforcer certains ouvrages d'art, ont une longueur de 12 mètres. Un train de 1 000 tonnes, composé de 20 véhicules, couvre 240 mètres de longueur (sans locomotive ni tender), alors que le même tonnage en wagons de 20 tonnes exige 460 mètres; l'avantage est donc important, surtout dans les voies de garage et les embranchements particuliers.

De plus, le calcul des temps de chargement et de déchargement de ces grands véhicules par rapport à ceux de 20 tonnes fait ressortir une économie considérable de main-d'œuvre; aussi les diverses sociétés de construction de matériel roulant ont-elles décidé de mettre en fabrication un grand nombre de ces wagons pour le transport de la houille et du coke.

Gazomètres sans eau

Toujours dans le compartiment des combustibles il faut signaler une innovation qui obtient un vif succès, et qui est en train de se propager de l'Allemagne à l'Etranger.

Il s'agit d'un système de gazomètre, dit le *gazomètre sans eau* : conception qui n'est pas nouvelle, mais dont la mise au point est toute récente.

Schématiquement, cet appareil se compose d'un réservoir prismatique vertical fixe et d'une sorte de piston qui monte ou descend dans ce réservoir suivant que le cylindre se remplit ou se vide de gaz.

L'enveloppe prismatique est boulonnée ou soudée sur un fond horizontal qui repose sur le sol, que traversent les conduites d'entrée et de sortie du gaz. Un plateau ou piston mobile, guidé par des galets, se déplace verticalement dans l'intérieur de l'enveloppe. Un toit solidaire de l'enveloppe recouvre le tout.

La grande difficulté consistait à rendre étanche le joint entre le piston et l'enveloppe. Ce joint est constitué par un mélange d'huile minérale et de goudron. Mais pour assurer à toutes les hauteurs du piston une étanchéité rigoureuse, il importe que les surfaces de l'enveloppe soient absolument planes, lisses et sans aucunes saillies. Ces conditions sont remplies grâce à une méthode de construction très ingénieuse qui résout si complètement le problème que les essais d'étanchéité indiquent une perte de gaz qui n'atteint pas 1 pour cent au bout d'une semaine.

Le piston ou plateau est en tôle renforcée par des

armatures en acier; un vitrage, enchâssé dans sa surface, éclaire l'intérieur du gazomètre; une passerelle et une échelle articulée permettent de descendre sur ce plateau, quelle que soit sa position en hauteur.

Sur les côtés du plateau est disposé le joint spécial d'étanchéité qui constitue l'innovation véritable de l'appareil. Il se compose:

1° D'une gorge pleine de goudron huileux;

2° D'une série de leviers, avec contrepoids, qui appuient contre l'enveloppe des glissières d'étanchéité en tôle, baignant dans le goudron. Ces glissières s'adaptent automatiquement, dans n'importe quelle position, à la forme du pourtour;

3° D'une toile spéciale, qui est fixée d'un côté au bord du plateau, et de l'autre côté est prise entre le frotteur et le levier portant le contre-poids.

Cette toile, ainsi placée, ne subit aucun frottement, et ne fait que supporter sur une largeur de 2 à 3 centimètres le poids d'une colonne de goudron de 30 à 40 centimètres de hauteur environ.

Il n'y a pas contact de deux métaux. La distance entre le frotteur et l'enveloppe est une petite fraction de millimètre, et cet espace est toujours baigné dans le goudron.

Ainsi, pendant les montées et les descentes, la gorge à goudron agit comme un pinceau qui lécherait constamment la face intérieure de l'enveloppe.

Une très faible quantité de goudron suinte entre l'enveloppe et le frotteur; après avoir coulé le long de la paroi, ce goudron se réunit dans une gorge préparée dans le circuit extérieur de la fonçure et est recueilli dans des récipients spéciaux.

Quand le niveau monte dans ces récipients, des flotteurs mettent en fonctionnement des pompes à goudron qui refoulent le goudron jusqu'à des réservoirs supérieurs d'où il s'écoule le long de la paroi jusqu'à la gorge à goudron du disque.

Dès que le goudron a atteint son niveau normal dans les récipients inférieurs, les pompes cessent automatiquement de fonctionner. C'est du reste toujours le même goudron qui circule.

Si on compare les gazomètres à eau aux gazomètres sans eau, ces derniers offrent sur les premiers les avantages suivants :

Il n'y a plus à chauffer les cuves et les gorges quand il gèle ; on évite ainsi les accidents causés par la glace. Ainsi, on économise l'installation de ce chauffage : chaudière, tuyauterie, entretien et combustibles.

Dans les gazomètres à eau télescopiques, la pression est variable et peut aller de 100 à 300 millimètres, ce qui a de grands inconvénients.

Dans les gazomètres sans eau, la pression est fixe, car elle ne dépend que du poids du disque mobile.

Si, en cours d'exploitation, on désire augmenter la pression d'un gazomètre sans eau, on n'a qu'à placer sur le plateau des prismes de béton, sans rien modifier au fonctionnement du gazomètre.

Avec les gazomètres à eau la peinture indispensable pour l'entretien des cuves à eau et des cloches ne peut se faire que sur les surfaces extérieures. A moins de vider la cuve, il est impossible de peindre l'intérieur de la cloche ou des gorges, et ces dernières s'oxydent d'autant plus vite qu'elles sont alternativement dans l'air et dans l'eau. La plus grande partie du gazomètre n'est jamais visitable; toute réparation à la cuve ou à la cloche, toute chute de galet ou de pièces quelconques dans une gorge, obligent à vider la cuve.

Dans le nouveau système de gazomètre, l'extérieur peut toujours se peindre et l'intérieur est constamment revêtu d'une couche de goudron par la gorge du plateau en mouvement.

S'il faut faire une réparation à l'enveloppe d'un gazomètre sans eau, on fait descendre le plateau mobile au-dessous de la partie à réparer, et on exécute la réparation sans arrêter le fonctionnement du gazomètre dans sa partie inférieure.

Si on veut augmenter le volume du gazomètre sans eau, on peut le faire en augmentant simplement la hauteur de l'enveloppe, sans rien toucher au reste du gazomètre.

Dans le cas du gazomètre à eau, pour atteindre le terrain résistant, on doit faire des terrassements importants et des fondations solides sous toute la surface du gazomètre. Les tassements ne sont pas rares sous le poids de la masse d'eau. Les cuves se déforment ou se fendent, et les réparations sont difficiles et chères.

Pour les gazomètres sans eau, les fondations n'ont besoin d'être solides que sous l'anneau supportant l'enveloppe. Sous tout le reste de la fonçure une simple couche de béton suffit.

Les gazomètres sans eau, dont les premiers exemplaires datent de 1917, se sont répandus avec une extraordinaire rapidité en Allemagne, où les constructeurs, assurés maintenant de leur réussite, n'hésitent pas à leur donner d'énormes dimensions. On peut citer entre autres les installations en pleine guerre de ;

Posen en 1917.	50 000 m³
Tondern en 1917.	30 000 —
Seddin en 1917.	30 000 —
Potsdam en 1918.	60 000 —
Ingolstadt en 1918. (acide carbonique).	10 000 —

Après la guerre de :

Puchsgrube en 1920	37 000 —
Ludwigshafen 1921.	10 000 —
Oberhausen en 1921.	40 000 —
Hœchst en 1922.	60 000 —
Hamborn en 1922	42 500 —
Essen en 1922.	120 000 —

Le système a depuis un an ou deux franchi les
frontières du Reich ; il a été adopté par plusieurs
sociétés françaises, notamment pour contenir les gaz
de hauts fourneaux des fonderies et forges de Douai
(40 000 mètres cubes).

Une fabrique d'automobiles

Dans l'*Allemagne au travail* et dans *les Derniers Progrès de l'Allemagne*, j'ai décrit un certain nombre d'établissements industriels. La place me manque ici pour
fournir une semblable documentation sur les usines
nouvelles ; de plus, il est peu facile d'y avoir accès.
Toutefois, j'ai pu visiter un établissement industriel
qui intéresse une des principales branches du travail
français, et à laquelle le grand public n'est point lui-
même indifférent. Il s'agit d'une vaste *Fabrique d'automobiles* d'installation toute récente, située dans la
banlieue d'une très grande ville et dépendant d'un
puissant Konzern.

Les exploitants de cette usine m'ont expliqué en m'en ouvrant les portes, tout d'abord que la dispersion des fabriques d'automobiles et la mise en chantier dans chacune de types nombreux et variés avaient été très défavorables à l'industrie automobile en Allemagne.

Pour y remédier les constructeurs se réunirent et convinrent d'une méthode d'ensemble pour exécuter toutes les opérations en série.

A chaque usine échut un type déterminé et le principe de l'interchangeabilité des éléments fut décidé, même pour les plus modestes unités, ce qui amena aussitôt une remarquable simplification dans les fabrications ; puis ils adoptèrent la concentration des ventes, ce qui diminua grandement les frais généraux. Le résultat, fut, disent-ils, que les fabriques allemandes sont aujourd'hui en mesure de lutter victorieusement à l'étranger contre toute concurrence[1].

L'Union allemande (la *Gemeinschaft Deutscher Automobil Fabriken*) se trouva ainsi fondée.

La fabrique que je vais décrire avait été fondée pendant la guerre pour le service des armées.

Les bâtiments

Les bâtiments sont immenses, et leur front s'étend sur une longueur de 1700 mètres. Suivant le principe américain, qui est notamment celui de Ford, les

---

1. *Je dois rappeler ici qu'en 1917 j'ai écrit, en faveur d'une organisation semblable à établir en France, une note explicite dont les conclusions ne furent pas adoptées par les constructeurs de notre pays.*

installations se superposent en de multiples étages, au lieu de se développer sur le terrain dans des halls horizontaux sans étages. Cette disposition, qui est la plus moderne, tire sa raison d'être de ce que les manutentions en hauteur sont plus rapides et plus économiques que les tractions horizontales; et de ce fait on réalise des économies considérables de terrain et en même temps de construction.

Ainsi le bâtiment principal ne compte pas moins de dix étages dont les surfaces additionnées représentent soixante-dix mille mètres carrés, tandis que la surface couverte n'atteint pas un hectare. Sa hauteur au-dessus du sol est d'environ trente mètres et il recouvre en outre plusieurs étages de sous-sols.

Chacun de ces planchers superposés a été calculé pour des charges énormes, mais variables suivant leurs destinations respectives, telles qu'on ne peut les obtenir pratiquement qu'avec le ciment armé.

Ainsi le rez-de-chaussée a été calculé pour 3 000 kilogs par mètre carré, le premier étage pour 1 850 kilogs, le deuxième et le troisième pour 1 650, le quatrième pour 1 450 et les greniers pour 1 250.

Une tour monumentale de 50 mètres de haut domine tout l'édifice.

Agencements

Le service de cet ensemble est assuré par 18 ascenseurs ou monte-charges de six tonnes et par un *paternoster* [1] pouvant contenir 23 personnes à la fois.

La force motrice est uniquement électrique; elle est fournie par la Centrale de la ville en courant tri-

1. Ascenseur à marche continue.

phasé, 6 000 volts, et transformée dans l'usine. La salle
des machines mesure, à elle seule, 5 900 mètres carrés.
Les moteurs, tous individuels, sont au nombre de plus
de 2 000, variant de un demi-cheval à 30 chevaux.

L'éclairage assuré par 5 000 lampes à incandescence
est universellement distribué par plafonds lumineux;
il y a en outre une batterie d'accumulateurs comme
secours.

Le chauffage des locaux est obtenu par l'eau chaude
à basse pression à l'aide de 13 chaudières, chacune de
40 mètres carrés de surface de chauffe.

La ventilation artificielle procure un renouvellement
de un demi-volume d'air par heure dans les bureaux,
et de trois volumes par heure dans les locaux hygié-
niques. Cet air est filtré et, en hiver, chauffé. Les
poussières sont aspirées à l'aide de pompes à air, mues
électriquement; une prise se trouve dans chaque corri-
dor.

Dans le centre des bâtiments, on a installé un établissement de bains et douches, et des lavabos à eau
courante chaude et froide.

Les téléphones dans l'intérieur de l'usine sont automatiques; l'appelant indique sur un disque le numéro
de l'appelé et entre aussitôt en communication avec
lui. L'installation est agencée pour mille postes. Les
communications téléphoniques avec le dehors sont
mi-automatiques, c'est-à-dire que la liaison avec le
Central de l'usine s'obtient automatiquement et que
l'employé de ce Central relie l'appelant avec le numéro
urbain.

Trente-trois avertisseurs d'incendie assurent le service; ils se trouvent tous sous courant, de façon à

signaler toute irrégularité de fonctionnement. L'usine
est reliée au poste de pompiers de la ville. Dans les
locaux où le risque d'incendie est le plus à craindre
se trouvent des avertisseurs automatiques qui entrent
en action dès qu'il se produit une élévation de température.

Dans les différents locaux où circulent souvent pour
leur service les membres de l'état-major de l'usine,
des sirènes sont disposées qui, par le moyen d'un fil
électrique, actionné du bureau téléphonique entrent
simultanément en action suivant un rythme déterminé,
lorsque quelqu'un dans les bureaux désire appeler tel
ou tel directeur ou employé qui se trouve en un quelconque des locaux industriels. On évite ainsi les recherches longues et incertaines d'un chasseur à travers
les ateliers.

L'horloge centrale, électrique, sonne solidairement
avec cent vingt horloges secondaires; elles signalent
simultanément les heures des repos ou des sorties.

Un générateur central d'acétylène envoie le gaz
dans tous les ateliers où il est nécessaire pour les sou-
dures.

La fourniture des huiles de toute nature, emmaga-
sinées dans une cave est réalisée par des pompes qui
les distribuent, à l'aide de tuyaux dans les divers ateliers où elles sont nécessaires.

Les balayures sont enlevées mécaniquement et brûlées pour chauffer de l'eau.

Les copeaux sont conduits de tous les étages par
un couloir, dans une cave où on les trie; ceux qui
contiennent de l'huile sont passés à la presse afin de
la recueillir.

Il y a trois salles de réfectoires pour directeurs, employés, ouvriers. On voit à l'office toutes sortes d'appareils mécaniques pour le lavage de la vaisselle, des bouteilles, le hâchage des denrées, la pasteurisation du lait, etc.

Quand on parcourt les ateliers, on est frappé de l'ordre qui règne dans les objets et de la précision dans le travail. Toutefois, on rencontre sur certains points des accumulations d'éléments entrant dans les constructions; ce sont les postes où ils sont vérifiés, contrôlés et mis en réserve avant leur passage au stade suivant. Toutes les pièces que l'on observe là sont interchangeables.

Les laboratoires occupent une place considérable et sont occupés par un nombreux personnel de chimistes et d'expérimentateurs. Ces laboratoires sont de plusieurs sortes : laboratoires de chimie pour le contrôle de la composition des matières premières, de métallographie pour les essais mécaniques et optiques des métaux; enfin laboratoires de recherches de toutes sortes se rattachant aux progrès de l'exploitation.

A signaler l'atelier de laquage des voitures, divisé en sept compartiments dans lesquels, pour éviter toutes traces de poussières, le sol, les parois et le plafond sont en verre et où l'air arrive soigneusement filtré.

L'eau nécessaire à l'alimentation et aux besoins de l'usine, dont la quantité s'élève à 75 mètres cubes par heure, n'est pas fournie par la ville, mais extraite sur place de nombreux puits, à l'aide de pompes qui l'envoient, filtrée, dans des réservoirs élevés, d'où elle est répartie dans tous les services.

Utilisation des déchets

Dans une usine située dans les environs de Berlin se trouve une installation toute récente. Tous les débris végétaux, copeaux, sciures, pailles, vieux sacs, vieux papiers, etc., y sont apportés et carbonisés dans des fours construits suivant un système breveté, qui en retire un pourcentage considérable de gaz combustibles, en même temps qu'une petite quantité de goudron. Il reste une faible proportion de charbon de bois que l'on peut agglomérer.

On dirige ces gaz, après purification, dans des moteurs à explosion qui actionnent des dynamos. Le rendement de ce procédé en énergie est extraordinaire. Avec 3 000 kilos de débris ligneux, on obtient 125 chevaux de 24 heures. La généralisation de ce procédé nouveau peut donner de multiples et précieux résultats, notamment dans les colonies où le charbon manque, faute de moyens de transport, et où les végétaux naturels de toute espèce sont abondants et sans valeur.

CHAPITRE XII

L'Aviation allemande

On parle beaucoup, non sans raison, de l'aviation allemande parce qu'on y voit un danger au point de vue économique, mais surtout au point de vue militaire.

En effet, si l'avion a été inventé avant 1914, il reste incontestable que c'est pendant la guerre que lui ont été apportés les perfectionnements dont nous avons vu les foudroyants résultats.

Entré dans la lutte au titre de modeste accessoire de secours pour les combattants, il l'a terminée après avoir été reconnu comme un des principaux artisans de la victoire. Et tout le monde se rend compte aujourd'hui que, dans une prochaine conflagration, il serait à la fois le grand éclaireur des armées, et que peut-être son action seule suffirait à commencer et à terminer la lutte par la destruction immédiate des autres instruments de combat.

Les Allemands en sont convaincus plus que personne, aussi apportent-ils à l'étude de la locomotion aérienne le soin méthodique et persévérant qui, en toute chose, fait leur redoutable force.

Cette étude, ils la poursuivent dans un mystère

relatif auquel les oblige le contrôle des Alliés sur leurs constructions aériennes. Ils travaillent plus au laboratoire qu'en plein ciel.

Néanmoins, aussitôt qu'il le leur a été permis, ils ont organisé un véritable réseau de communications régulières par la voie des airs.

Il me tardait d'effectuer un parcours dans un appareil allemand et d'en faire la comparaison avec de multiples voyages effectués sur nos services français.

J'avais été invité, grâce à des relations personnelles en Suisse, à prendre place dans un avion qui assure une liaison, depuis quelques mois à peine, entre Genève et Nuremberg avec escales à Zurich et Constance ; le mauvais temps m'en priva. Je fus donc heureux de retrouver cette occasion perdue en partant un matin de Berlin pour Dantzig dans un appareil de la même marque, un *Junkers*.

J'avais été admis, quelque temps auparavant, à visiter à Dessau (Anhalt), où je m'étais rendu tout exprès, les vastes ateliers dans lesquels ces avions sont entièrement construits.

Les Établissements Junkers, comme bien l'on pense, ont d'autres cordes à leur arc que la fabrication des aéroplanes ; ils se ramifient, à plusieurs kilomètres au sud de Dessau, en plusieurs grandes usines de chaudronnerie et de mécanique assez distantes les unes des autres. Un pilote que je rencontre me met sur le chemin de la fabrique d'avions qui se compose de deux bâtiments tout neufs. Ce jeune homme cause volontiers ; il vole tantôt sur une ligne, tantôt sur une autre, notamment sur celle qui de Berlin, par Stettin, Dantzig, Kœnigsberg, Riga, pénètre en Russie jusqu'à

Moscou. Précisément, il en arrive pour la quatrième fois depuis un mois, me dit-il, et me raconte qu'il est toujours reçu avec enthousiasme par les bolchevistes.

M. Junkers lui-même me promène à travers les halls où se voient des appareils à tous les degrés d'avancement, car ici on fabrique simultanément le moteur, le fuselage et les ailes. Divers modèles sont en construction et il y a place pour un grand nombre. On se prépare à un large développement.

L'avion Junkers est un monoplan complètement métallique. Pas un pouce carré de bois n'entre dans sa construction ; tout est en duraluminium ondulé, les ondulations étant naturellement orientées dans le sens de la marche pour éviter la résistance à l'air. Les ailes sont implantées dans le fuselage comme celles d'un oiseau. Pas de contreforts extérieurs ni de haubans. Le châssis de poutrelles en duraluminium qui les maintient rigides est à l'intérieur, disposition rendue possible par la forme de ces ailes qui présentent une section, de l'avant à l'arrière, analogue à celle d'une truite que l'on aurait tranchée verticalement de la tête à la queue.

L'intérieur du fuselage, également métallique, est aménagé en façon de limousine à quatre places très confortables. Tous les vasistas sont en verre.

En avant, il y a place pour deux pilotes. Le moteur, de 180 chevaux, communique à l'avion une allure de marche de 150 à 160 kilomètres à l'heure ; un indicateur automatique, mû par le courant d'air, indique constamment la vitesse, non par rapport au sol, mais par rapport au vent.

La vitesse de 160 kilomètres, avec six personnes,
obtenue par un moteur de 180 chevaux, est tout à fait
remarquable ; elle tient à l'étude très poussée des
formes de l'avion, et à la suppression de toutes saillies
offrant prise au vent. La performance du Junkers à
six places, représente ainsi 30 chevaux par personne,
alors que la plupart des autres types atteignent ou
dépassent 50 chevaux.

Le constructeur affirme, d'autre part, que la constitution entièrement métallique de ses appareils sup-
prime en partie le danger d'incendie.

De Berlin à Dantzig

La distance entre Berlin et Dantzig par Stettin
mesure environ 550 kilomètres ; on la franchit en
trois heures vingt minutes. Le prix du passage est de
3 500 marks (32 francs le 29 août 1922). Le voyageur
a droit en franchise à 15 kilogs de bagages, avec taxe
de 50 marks par kilog d'excédent.

La gare d'aviation de Berlin est située à *Johannisthal*, à 15 kilomètres au sud-est du centre de la ville.
Une automobile spéciale, partant des Linden, y conduit les voyageurs par une série d'avenues superbes,
bien entretenues, ombreuses et bordées de villas.
Elle part à sept heures du matin pour être à la demie
à Johannisthal. Cette gare d'aviation est un monde ;
elle est raccordée aux chemins de fer par des embranchements. Sa visite demanderait une demi-journée ;
mais l'avion nous attend et, monté par deux pilotes,
ce qui ne laisse pas que d'inspirer une agréable sécu-

rité, il part à l'heure prescrite, sept heures et demie.
Le temps est superbe.

On survole d'abord les établissements industriels de
la grande banlieue de Berlin, puis l'oiseau gagne à
tire-d'aile la vallée de l'Oder, laissant à gauche Prenzlau, petite ville célèbre dans nos fastes militaires.
C'est là en effet que, le 28 octobre 1806, quatorze
jours après la victoire d'Iéna, furent faits prisonniers
les débris de l'armée prussienne, commandée par le
prince de Hohenlohe, que le corps d'avant-garde du
maréchal Lannes et la cavalerie de Murat poursui-
vaient sans relâche, depuis le 14. Ce fait d'armes
amena une compétition orageuse entre ces deux
illustres chefs. Napoléon, alors à Berlin, l'apaisa.
C'est de Prenzlau que Lannes écrivit à l'Empereur la
lettre bien connue où il lui déclare que ses soldats
veulent désormais le saluer sous le titre d'*Empereur
d'Occident*. Deux jours après, le général Lassalle, à la
tête d'un régiment de chasseurs à cheval, s'emparait
de la ville forte de Stettin.

Notre avion, suivant la vallée de l'Oder, y arrive,
lui, non pas en deux jours, mais en quelques minutes.
Les 140 kilomètres qui séparent Berlin de Stettin ont
été franchis en moins d'une heure.

Mais là, on perd plus de trente minutes, grâce
aux douaniers, aux commissaires de police, aux
contrôleurs de passeports. Perpétuelle et fastidieuse
histoire qui, depuis huit ans, empoisonne tous les
voyages ! Et encore s'en tire-t-on plus vite avec un
avion à quatre places qu'avec un train rempli de quatre
cents voyageurs. Nous ne descendrons plus de notre
limousine jusqu'à Dantzig. Tout ce qu'on voit le long

du parcours est une succession monotone de grandes lagunes, de forêts de pins sombres et de champs bien cultivés.

En approchant de Dantzig, une série plutôt désagréable de *trous d'air* inflige à l'appareil des secousses violentes ; jamais je n'en avais ressenti d'aussi multipliées. « C'est toujours ainsi dans le couloir de Dantzig ». nous dira tout à l'heure, non sans malice, notre pilote berlinois !

Le couloir de Dantzig ! singulière conception diplomatique que cet étroit passage réservé aux Polonais le long de la Vistule, avec la Prusse à droite et la Prusse à gauche ! De quinze cents mètres en l'air, il nous apparaît, serrant les méandres argentés du fleuve, comme une pauvre anguille qui se tordrait entre les mâchoires d'un caïman. Il faut admettre que, vus d'en haut, les objets se déforment.

Après nous avoir déposés avec douceur dans le champ d'aviation de Dantzig, situé dans un faubourg ouvrier à 6 ou 8 kilomètres de la ville, il repart bien vite pour Kœnigsberg et Riga.

Des personnages en uniforme nous reçoivent ; saluons-les, ce sont des fonctionnaires de la *Société des Nations* ; mais ils n'opèrent pas autrement que les autres : interrogatoire et visite des personnes, revue de grand et petit équipement, déchiffrage du passeport. La S. D. N. n'a rien innové.

La cérémonie terminée, je demande s'il y a une voiture pour se rendre en ville ; pas de voiture, mais il y a, me dit-on, une gare de chemin de fer (?) à 5oo mètres. Et des porteurs de bagages ? pas de porteurs. Rien autre à faire que de transporter soi-même

Un avion Junkers à patins, sur la glace.

Une limousine Junkers, ligne de Berlin à Dantzig.

ses valises. A ladite station, le train ne passera que dans vingt-cinq minutes ; arrivé à la gare centrale de Dantzig, il faut encore dix minutes de fiacre pour gagner l'hôtel où l'on arrive enfin à midi trois quarts après être descendu d'avion à onze heures ! Ainsi on couvre d'abord 550 kilomètres en trois heures et demie, puis on perd une heure trois quarts à en parcourir 7... N'en déplaise aux Allemands, les services d'aviation sont mieux organisés en France.

Ils répondraient certainement — car les Allemands n'avouent jamais une infériorité — que ce n'est là qu'un début et qu'ils ont bien d'autres visées.

Ce début pour eux se traduit par une douzaine de lignes régulières dont la majorité ont leur point de départ à Berlin (voir la carte) :

Lignes aériennes allemandes

Berlin à Brême et Nordeney.
Berlin à Hambourg et Copenhague.
Berlin-Stettin-Dantzig-Riga-Moscou.
Berlin-Dresde-Prague.
Berlin-Leipzig-Nuremberg-Munich-Augsbourg.
Berlin-Dortmund.
D'autres lignes réunissent entre elles les grandes villes :
Nuremberg-Constance-Zurich-Genève.
Hambourg-Brême-Amsterdam-Rotterdam.
Brême-Munster-Dortmund.
Brême-Hanovre-Magdebourg-Leipzig-Dresde-Prague-Breslau.
Plusieurs autres sont en préparation :

Berlin-Francfort-sur-le-Mein.
Munich-Vienne.
Hambourg-Copenhague-Stockholm-Reval.
Dantzig-Varsovie.

L'indicateur aérien, dont les tirages modifiés sont tenus à jour mois par mois, mentionne que toutes ces lignes correspondent entre elles à leurs points de rencontre ou d'arrivée. Certaines, comme Berlin-Hambourg, Berlin-Leipzig, comportent plusieurs services par jour. Il contient les distances, les temps, les tarifs pour passagers, colis et plis postaux.

Enfin, il donne les mêmes informations sur les autres lignes régulières européennes :

Londres-Rotterdam-Amsterdam.
Londres-Ostende-Bruxelles.
Paris-Londres.
Paris-Bruxelles-Amsterdam.
Paris-Le Havre.
Paris-Strasbourg-Prague-Varsovie.
Paris-Lausanne.
Paris-Lyon-Marseille.
Lyon-Genève.
Toulouse-Barcelone-Malaga-Casablanca.
Bordeaux-Montpellier.

Mais les Allemands déclarent dans leurs écrits que ce ne sont là, pour ainsi dire, que des exercices préparatoires, que l'aviation n'est point destinée à doubler ou à concurrencer les chemins de fer dans un pays, mais à relier des continents séparés par de longues distances, en quoi ils sont pleinement d'accord avec nos chefs d'entreprises aéronautiques comme l'intrépide Latécoère ou le général Duval. Ils parlent cou-

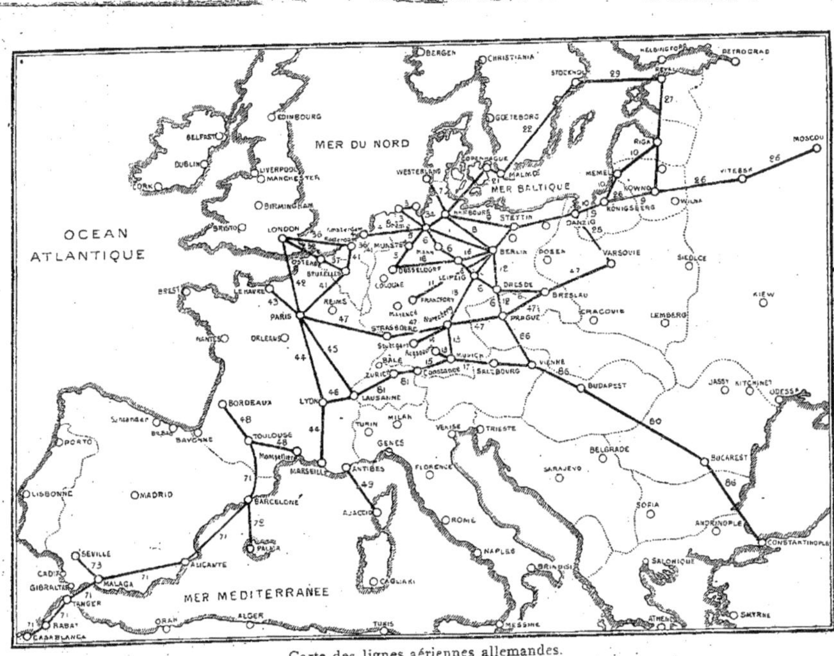

Carte des lignes aériennes allemandes.

ramment d'atteindre, avec l'Espagne méridionale comme base de départ, le Brésil et l'Argentine, par ailleurs, le Japon à travers la Chine, de même que Latécoère étudie et prépare la traversée de l'Atlantique sud par Casablanca et Dakar.

Les promoteurs de la navigation aérienne en Allemagne, les *Luftrhederei* (armateurs de l'air) sont les plus grandes sociétés industrielles du pays : d'un côté le groupe du Norddeutscher Llyod et de l'A. E. G., de l'autre la Hamburg-Amerika Linie et la firme F. Krupp. Ces Konzern leur assurent à la fois des capitaux indéfinis et l'unité d'action. Ce sont les mêmes sociétés qui construisent avions et moteurs et exploitent les lignes. Ainsi se trouve écarté le perpétuel conflit entre fournisseurs et clients.

S'il arrive un accident, pas de litige, de plaidoiries, ni d'expertises judiciaires pour savoir qui a tort, des constructeurs ou de l'entrepreneur de transport. On travaille avec des plans d'ensemble, des intérêts communs et sous une direction unique.

Quant aux études scientifiques et techniques qui ont pour foyer principal l'Université de Gœttingue, si nous ne les connaissons qu'assez vaguement, nous savons du moins qu'elles sont poursuivies avec un grand luxe d'appareils d'expérimentation et de contrôle. La mécanique, la météorologie, la physique, le vol des oiseaux, les moyens de correspondre entre la terre et l'air, de voler par tous les temps et la nuit, sont étudiés simultanément. On se préoccupe d'inculquer ces connaissances aux pilotes et aux directeurs de parcs aéronautiques. Déjà ils sont tenus, pour pouvoir conduire des avions, de passer plusieurs mois

dans les ateliers de construction de moteurs et d'aéroplanes.

Le vol à voile

L'univers entier a entendu le bruit qu'a fait la propagande allemande autour du vol sans moteur et des
deux heures trois quarts pendant lesquelles l'étudiant
Hentz, à Rhœn près Francfort, avait réussi à se tenir
en l'air, alors qu'à Combegrasse, dans le Puy-de-Dôme,
nos as avaient dû atterrir au bout de quelques minutes.
Ce fut une apothéose du génie allemand, en même
temps qu'un concert de commisérations pour ces
pauvres Français.

L'exploit assurément était d'importance et les Allemands en appréciaient toute l'étendue en calculant que
si un jour ils étaient les seuls à pouvoir maintenir en
l'air, moteur arrêté, un avion chargé de bombes et
diminuer sa vitesse au point de planer sur un point
précis à la façon d'un tiercelet sur un lièvre au gîte,
rien ni personne ne pourrait résister à leurs attaques,
sur terre ou sur mer, étant considéré qu'ils seraient
en mesure de construire 10 000 avions semblables pour
le prix d'un superdreagdnouth.

Malheureusement pour le génie allemand, le record
était battu, et de loin, trois mois après en Angleterre
par le *pauvre* Français Manérol, sur un appareil admirablement conditionné par un autre Français, Péré.
Le public français est tellement insouciant qu'il ne se
doute même pas de l'impression mondiale qu'a pro-
duite cet événement. Le succès ou la défaite d'un
boxeur lui semblent des faits mille fois plus capti-
vants.

La victoire de Manérol a de plus mis en lumière, grâce aux éloquentes et généreuses déclarations de M. Péré, la personnalité totalement méconnue jusqu'ici d'un autre de nos compatriotes, le Lyonnais Mouillard. C'est Mouillard qui de 1880 à 1892 énonça tous les principes du vol à voile et décrivit sur le papier les formes à donner aux appareils pour leur permettre de se maintenir dans l'air. Ses idées sont consignées dans un livre, l'*Empire de l'air*, qui à l'époque où il parut fut considéré comme l'élucubration d'un illuminé. Mais parallèlement à cette publication, on a de Mouillard les brouillons des lettres écrites par lui à l'Américain Chanute, qui l'avait pris au sérieux et lui fournit quelques fonds. Or, Chanute fut le prédécesseur et le maître des frères Wright qui travaillèrent sur ses données, lesquelles n'étaient autres que les suggestions de Mouillard.

C'est postérieurement aux travaux de Mouillard que l'Allemand Lilienthal fit ses premiers essais de vol à voile qui eurent un très grand retentissement... parce qu'il était Allemand. Pendant que Lilienthal, qui avait recueilli les ressources nécessaires, se tuait en poursuivant ses expériences, le pauvre Mouillard mourait de misère sans avoir pu trouver le moindre argent pour en tenter aucune.

Au *Deutsches Museum* de Munich, qui est un pendant amplifié de notre Conservatoire des arts et métiers, il existe un vaste compartiment consacré à la conquête de l'air. Là figure l'appareil de Lilienthal qui est officiellement désigné comme le créateur et le martyr de la locomotion aérienne. Aussitôt après lui sont inscrits les frères Wright. Si les Allemands étaient les bons serviteurs de la vérité, ils effaceraient ces boniments et remplaceraient ces noms par celui du Français Mouillard. Quant à nous, ses compatriotes, nous aurions à en tirer cette morale, que notre devoir est de ne pas laisser mourir de faim les hommes dont les travaux peuvent un jour nous procurer honneur et profit.

Personne ne nie l'importance des résultats que tirera la navigation aérienne des expériences de vol à voile. La puissance des moteurs pourra être sensiblement diminuée, d'où économie de poids et de carburant, point capital pour les *Armateurs de l'air* ; mais s'il m'est permis de donner mon opinion de simple passager, je considère comme plus essentielles la sécurité et la régularité de marche. Jusqu'ici personne ne peut vous assurer que vous partirez au jour et à l'heure dits, surtout sous le climat brumeux du nord de l'Europe. Si le ciel est nuageux et, suivant l'expression, le *plafond* bas, le départ est renvoyé ; si pendant le vol on se voit envahi par des nuées ou des brouillards, qui vous cachent la terre, alors la situation devient périlleuse, car non seulement le pilote ignore où il va, mais, ce qui est bien plus grave, s'il lui faut atterrir, rien ne lui indique une surface libre où il puisse poser son avion.

Les premiers succès pratiques dans la locomotion commerciale aérienne sont réservés à celui qui aura découvert les moyens de voler, avec sûreté et suivant l'itinéraire prescrit, par tous les temps, dans le brouillard et dans les ténèbres de la nuit et qui ne sera plus sous la dépendance absolue des caprices d'un moteur unique.

Recherches scientifiques

Sans doute, les Allemands n'en sont pas encore là, mais ils y travaillent avec une ardeur scientifique persévérante.

Quelques semaines plus tard, à la fin de mon voyage, étant allé à Nuremberg pour y prendre la ligne de Genève que je n'avais pu utiliser au départ, je dus me rendre vainement deux jours de suite à *Furth* où se trouve le champ d'aviation (15 kilomètres à faire en auto). Le temps était exécrable et pendant ces deux jours il n'y eut aucun départ sur aucune ligne partant de Furth. Mais si je fus empêché de voler, je pus du moins faire quelques observations utiles.

Il y avait là dans un grand hangar des avions de plusieurs marques. Aucun pilote ne partit, mais quelques-uns au moins arrivèrent, volant bas, sous la pluie. Le chef de l'aérodrome leur indiquait à mesure quel appareil ils prendraient lorsqu'ils pourraient repartir. Quelques-uns les faisaient visiblement tiquer, mais quand on leur assignait un Junkers, ils souriaient de satisfaction. Ce critérium me parut concluant.

Puis on me conduisit dans une baraque attenante au champ et entourée d'une cour. Là on me présenta à un *Doktor* qui travaillait dans un bureau, pourvu d'appareils télégraphiques et téléphoniques, d'instruments enregistreurs de la pression, de l'humidité, de la température, de la direction et de la vitesse des vents, et d'une bibliothèque assez volumineuse. Dans la cour on voyait plusieurs pluviomètres et toutes sortes d'autres appareils plus ou moins compliqués, voire

même astronomiques. Bref, je me trouvais dans un
laboratoire très moderne de météorologie. Ce docteur,
qui a plusieurs aides, réside là d'une façon permanente. Il fait perpétuellement des observations, les
consigne et les transmet par fil à d'autres savants qui
font la même besogne en d'autres points de la ligne,
de l'Allemagne et du monde. J'appris de sa bouche
qu'il faisait mauvais temps partout dans un rayon très
étendu et que les prévisions pour le lendemain étaient
pires encore. Ce qui me décida à prendre le chemin
de la gare de Nuremberg où il n'y a pas de bureau
météorologique, mais où les trains circulent par tous
les temps.

Le faisceau quotidien des observations météoro-
logiques du monde entier est centralisé à l'Institut
de Hambourg où l'on s'applique depuis nombre d'années à en tirer des lois générales sur la marche des
phénomènes qui se passent dans l'atmosphère terrestre.

De même que c'est à Hambourg qu'existait la principale école d'aéronautique militaire qui continue
comme école civile ; c'est à Hambourg également que
les travaux intéressant la pratique de la navigation
aérienne sont le plus activement poussés. En attendant que les problèmes en soient résolus, on y prépare
l'avenir en ce sens que l'aérodrome qui est situé en
pleine terre à Fuhsbuttel, à 10 kilomètres au nord de
la ville, va être installé sur la rive même de l'Elbe en
face de Finkenwœrder, où se trouvent les grands chantiers maritimes Deutsche Werft.

CHAPITRE XIII

Dantzig et la Pologne

Dantzig à l'extrémité de son *couloir* a plutôt l'allure d'une vieille métropole hanséatique que d'une ville prussienne — qu'elle n'est plus. Bien qu'elle se soit beaucoup étendue depuis cinquante ans, et que les Allemands aient modifié, en créant des quartiers neufs, son caractère archaïque, elle a conservé dans le noyau central qui constitue la vieille ville un aspect en désaccord avec le modern style qui alourdit la nouvelle Allemagne.

Ses tours élégantes, son hôtel de ville moyenâgeux avec ses salles artistement décorées où les riches bourgeois de jadis, édiles de la cité, se réunissaient et où l'on a laissé, incrustés dans les boiseries sculptées, les boulets que le maréchal Lefebvre leur envoyait en 1806, tout cela rappelle Brême, Lubeck, Amsterdam beaucoup plus que Stettin ou Magdebourg.

Elle appartint, pendant un siècle ou deux, au royaume de Pologne et l'on souhaite qu'elle fasse retour à la jeune République créée par le traité de Versailles. Mais comme il y a loin de la coupe aux lèvres, on l'a confiée à la Société des Nations ainsi que le territoire qui l'entoure et l'on a imaginé de la relier à la Pologne par le fameux *couloir* qui suit le cours de la Vistule et n'est pas sans donner des inquiétudes pour sa sécurité.

Le territoire de Dantzig forme à peu près un rectangle de 70 kilomètres en suivant la côte et d'une trentaine de kilomètres en profondeur. Il est séparé de la frontière polonaise par environ 50 lieues en suivant jusqu'à Thorn le cours de la Vistule, et par 120 kilomètres seulement à vol d'avion.

La ville et le port sur la Vistule sont à une dizaine de kilomètres en amont de l'embouchure du fleuve.

La place est restée fortifiée à l'ouest, et son occupation en 1807 donna du mal à Lefebvre et à Chasseloup-Laubat: mais ses fossés et ses remparts paraissent aujourd'hui des monuments d'un autre âge.

C'est donc une ville à moitié ouverte, et il reste encore quelques vieux militaires qui s'en lamentent parce qu'ils ne peuvent pas s'enfoncer dans la cervelle que devant les Berthas et les avions de bombardement, il n'y a plus dans le monde que des villes ouvertes.

Incontestablement la polonisation de Dantzig sera malaisée parce que, depuis un siècle et demi que la Prusse y régnait, tout s'est prussianisé, les hommes et les choses.

L'Entente en a fait un port franc, aussi les affaires y sont-elles actives et la spéculation effrénée. Une masse d'étrangers, financiers, spéculateurs, aventuriers même de tous pays s'y sont abattus aussitôt la paix signée, s'efforçant d'acquérir des terrains et de s'assurer des participations dans les firmes allemandes restées maîtresses de leurs entreprises. On est frappé

dans tout le Mittel-Europa du nombre de gens qui
vous disent : « Je pars pour Dantzig. »

Plusieurs grandes lignes de navigation ont maintenant Dantzig comme point de départ, notamment la
Compagnie américaine *Baltic America Line*, la firme
française *Worms* qui a un service sur Hambourg, la
White Star Line, etc.

Les constructions navales

L'industrie maîtresse à Dantzig est la construction
des navires. Les chantiers y sont du tout dernier
modèle et appartiennent à des sociétés allemandes où
sont mêlés d'assez fort capitaux étrangers : les deux
principaux chantiers sont les *Schichau Werft* et les
Danziger Werft.

J'ai pu visiter ce dernier dont les installations sont
actuellement en voie d'agrandissements considérables:
On y ajoute à la construction des navires celle des
locomotives et du matériel de sucrerie.

C'est un arrivage hâtif d'outillage aussi énorme que
perfectionné; hâtif parce que, en vertu d'une clause
dont on ne saisit pas spontanément le motif, tout le
matériel qui entrera dans ces chantiers avant la fin de
la présente année est exempt de droits. Ce matériel,
comme bien l'on pense, arrive tout entier d'Allemagne.

Seront également et à perpétuité exemptes de droits
les pièces métalliques brutes que les chantiers appliquent à la construction des navires. Aussi les coques
sur cale sèche sont-elles nombreuses. Il n'y a pas
moins de 15 paquebots ou cargos à la fois en construc-

tion dans ce chantier et certainement autant dans les divers autres.

Une partie seulement de ces bateaux sont destinés à la marine allemande ; le plus grand nombre sont des commandes étrangères, car personne en ce moment ne peut lutter pour les prix avec les chantiers allemands, tant à cause du bon marché — relatif — de la main-d'œuvre que de leur incomparable organisation.

Seuls dans le monde, les Japonais égalent et surpassent même les Allemands en organisation industrielle, mais je ne crois pas qu'en ce moment le change d'une part et le prix chez eux des matières premières métalliques leur permettent de soutenir la concurrence. A cette occasion, il est utile de signaler le nombre prodigieux de Japonais que l'on rencontre partout en Allemagne. A Dantzig, beaucoup d'entre eux sont en pays connu, ayant fait leurs études à la *Technische Hochschule* (Ecole polytechnique), magnifique établissement de l'Etat prussien, que j'ai eu l'occasion de décrire lors de son inauguration en 1906, et qui a surtout pour but de former des ingénieurs de constructions navales.

J'ai trouvé plaisir à revoir ce vaste établissement dont l'ordonnance et l'architecture, pour une fois, défient la critique et dont les aménagements atteignent la perfection que l'on peut rêver pour un foyer d'instruction technique. Le plus bel éloge à faire de la *Techniche Hochschule* de Dantzig, ce sont les superbes et innombrables navires dont ses élèves, devenus ingénieurs, ont doté leur pays [1].

1. Voir *l'Allemagne au Travail*, p. 22 et suiv.

Étudiants et apprentis

Leur travail se poursuit plus acharné que jamais. Toutefois, une crainte agite les chefs de l'industrie et de la science allemandes à la vue de ces foules d'élèves étrangers qui envahissent les écoles et les Universités du Reich. L'Ecole polytechnique de Charlottenbourg-Berlin, malgré ses monumentales dimensions et ses agrandissements récents en est encombrée. A côté de ces étrangers à leur aise la misère des étudiants nationaux apparaît plus manifeste encore; car l'étudiant en Allemagne, obligé de payer sa scolarité et de vivre avec les quelques milliers de marks que peut lui envoyer sa famille, est un véritable indigent. La source en pourrait tarir, pendant que le jeune Scandinave, Italien, Yankee ou Japonais prendrait la place de l'Allemand auprès de professeurs d'élite, dans les laboratoires incomparables, et dans les riches bibliothèques.

Mais la grande industrie veille afin que la *Kultur* germanique ne subisse aucune déchéance, aussi a-t-elle fondé une caisse largement entretenue pour venir en aide dans tout le pays à la jeunesse studieuse.

Au *Danziger Werft*, au milieu du fracas des machines-outils et des marteaux à riveter il existe, parmi les halls gigantesques, une modeste construction qui mérite une particulière attention. C'est *l'atelier des apprentis* de la firme. Ils sont une centaine qui travaillent avec des outils de toute sorte sous la direction d'un ingénieur de l'établissement.

Le directeur qui m'y introduit me montre les œuvres

successives sorties des mains de ces jeunes gens et de
ces enfants; puis il me conduit devant de grands
tableaux affichés sur les murs de l'atelier. Sur chacun
de ces tableaux sont inscrits dans une colonne d'entrée verticale les noms d'une cinquantaine de débu-
tants et, tout en haut sur une ligne horizontale, sont
dessinés avec leurs cotes des objets de mécanique
courante : une équerre, un boulon, un marteau, un
écrou, une pièce à forger, une pièce à décolleter, etc.
au nombre de vingt-cinq; chaque objet est en tête
d'une colonne verticale. Comme on le voit, l'ensemble
est disposé en table de Pythagore.

Chaque pièce doit être exécutée par chacun des
cinquante apprentis, à raison de une chaque jour
pendant 25 jours. Le chef inscrit exactement le temps
que l'apprenti met à faire sa pièce, puis il examine le
degré de perfection du travail et lui donne une note.

Quand les 50 élèves ont ainsi achevé en un mois de
travail chacun leurs 25 pièces le concours est terminé.
Tous les temps et toutes les notes sont inscrits sur le
tableau en face des noms respectifs des élèves.

Rien n'est plus concluant que les résultats de ce
concours. Les temps observés varient souvent du simple
au triple; ils indiquent si le jeune homme est plus ou
moins expéditif; par contre la note est là pour montrer
s'il exécute avec précision ou non le travail com-
mandé. On remarque, d'autre part, que tel qui a exécuté rapidement une pièce à tourner a au contraire eu
beaucoup de peine à achever proprement un objet qui
demande du coup d'œil ou du doigté, etc. etc. Les
qualités et les défauts de chacun apparaissent sur le
tableau comme dans un miroir.

Et ces sondages se renouvellent assez fréquemment au cours de l'apprentissage; on comprend qu'ils sont pour la direction technique une indication certaine du service auquel il conviendra d'affecter ces jeunes gens conformément à leurs aptitudes ainsi mises en évidence.

Cette méthode, observons-le bien, n'a rien de commun avec le chronométrage qui est la base du système Taylor. Il ne faudrait pas confondre une méthode de travail avec une recherche d'aptitude.

Allemands et Polonais

Ces institutions démontrent que les Allemands ne sont guère disposés à quitter le territoire de Dantzig et à céder la place aux Polonais. On n'y parle qu'allemand et 90 pour 100 de la population se pique d'être prussienne, bien qu'il y ait au travers pas mal de Polonais germanisés. C'est le mark allemand qui a cours et non le mark polonais.

Quant à la propagande allemande, cette infernale propagande que l'on retrouve partout, elle s'exerce aussi librement qu'à Berlin. Qu'on en juge.

Le guide local, avec histoire de la cité, description et photos des monuments, plan de la ville, édité en 1922, qui se trouve dans toutes les librairies et qui est le vade-mecum des touristes, contient, en guise de conclusion, une phrase qui se traduit ainsi : « Tout ce que nous venons d'énumérer, ces édifices, ces parcs, ces fontaines, ces industries, est l'œuvre des Allemands : voilà ce que l'on ne doit pas oublier en visitant cette superbe ville de Dantzig. »

HAMBOURG. — Ponts roulants avec grues aériennes, au-dessus des cales sèches.

Mais le second exemple est bien mieux encore. Sur une place publique, dans un quartier populaire, on pouvait lire le 29 août 1922 une affiche annonçant en gros caractères une représentation théâtrale de la HONTE NOIRE !

La *Société des Nations* qui tolère ces gentillesses à l'égard des Alliés est représentée à Dantzig — qui est une place maritime — tout naturellement par un officier supérieur de la marine britannique.

Zoppot

On assure cependant que, depuis la fin de la guerre, il est venu dans le territoire de Dantzig un assez grand nombre de Polonais. Mais où donc sont-ils ? — A Zoppot, vous répond-on.

Zoppot est une station de bains de mer, située à 12 kilomètres au nord de Dantzig, à gauche de l'embouchure de la Vistule, et desservie par une ligne spéciale de chemin de fer dont les trains sont bondés. C'est une plage de sable fin, à perte de vue, autour de laquelle se sont bâtis une infinité de villas, d'hôtels, de casinos et de salles de jeux ; séjour charmant où se mêlent les plaisirs de Trouville à ceux de Monte-Carlo. Le restaurant le plus fréquenté et le plus cosmopolite de l'endroit, où l'on faisait un excellent déjeuner pour 500 marks d'alors (4 francs) vin compris, est le *Mazurka*, nom qui n'a rien d'allemand, mais qui indique du moins qu'on y danse le soir avec entrain.

Mais auparavant, après le déjeuner, tout le monde se rend à la plage, se met en costume extra-léger,

s'étend sur le sable et prend un bain de soleil qui dure
pour beaucoup jusqu'au coucher de cet astre.

Posen et la Posnanie

En quittant Dantzig pour se rendre à Posen on passe,
du territoire dévolu à la *Société des Nations*, à celui de
la *République de Pologne*, de cette Pologne dont Frédéric II avait fait trois parts, l'une pour la tzarine
Catherine II, l'autre pour Marie-Thérèse d'Autriche,
et la troisième, la Posnanie, pour lui-même, avec
Posen pour capitale. Si les efforts des Hohenzollern
pour prussianiser le pays avaient matériellement réussi,
ils avaient complètement échoué sur l'âme des popu-
lations. Ils n'avaient pu aboutir à un résultat effectif
qu'en chassant un Polonais de sa terre pour y mettre
un Allemand, sous le prétexte que l'Allemand lui fait
rendre plus de récolte que le Polonais. La conception
germanique avait ouvertement adopté ce principe que
le peuple qui sait le mieux administrer et produire le
plus — et c'est par définition le peuple allemand — a
la mission de déposséder celui qui lui est inférieur.

Evidemment Posen, grande ville d'une centaine de
milliers d'âmes, bien tracée et bien bâtie, a l'aspect
d'une ville allemande ; on y parle en majorité allemand ;
mais derrière ces façades prussiennes, palpitent des
âmes polonaises, et dans les campagnes bien plus
encore. Je ne sais comment ont été réglées après la
guerre les expropriations de domaines que les Allemands avaient enlevés naguère aux Polonais moyen-
nant de vagues indemnités. D'autres que moi écriront
sur la Pologne. Il m'apparaît seulement au passage

que ces questions sont singulièrement compliquées et
qu'il faudra à nos amis de la Vistule beaucoup de
diplomatie, de labeur et d'entente entre eux pour les
résoudre.

Tout ce que je puis dire ici, c'est que les Polonais
sont de rapports agréables, que leur pays, surtout
agricole, ne respire pas l'indigence, bien qu'il fallût,
l'automne dernier, 6 marks polonais pour équivaloir à
un mark allemand.

En Haute-Silésie

Autrefois, quand on voulait aller de Posen à Prague,
on passait tout naturellement par Breslau en Silésie ;
c'est la ligne droite ; on la parcourait en une douzaine
d'heures. Aujourd'hui, il paraît que cette ligne est
coupée et il faut faire le tour par la Haute-Silésie.
Dès lors, on en a pour quarante-huit heures au mini-
mum.

On passe, entre autres villes, à Cattowitz qui a été
attribuée à la Pologne, cité industrielle de quarante
mille habitants, où réside le Consul général français
de la Haute-Silésie. L'agglomération urbaine est en
majorité allemande, mais les campagnes sont franche-
ment polonaises. On peut répéter cette affirmation
comme un refrain dans toute la province. Il ne me
paraît pas que les grandes usines, dont les cheminées
fument aux alentours, aient changé de maîtres. Mais
au point de vue politique le maître est ici Korfanty.
Il flotte partout des effluves électriques dans l'air qui
empêchent le calme de régner dans les esprits.

La suite du voyage devient de plus en plus compliquée; il y a peu de trains, et beaucoup de bureaux de douane; ici, on paie les tickets en marks polonais, un peu plus loin en marks allemands. Impossible d'y rien comprendre. On manque à chaque bifurcation les correspondances; je me trouve un beau matin déposé pour la journée dans un petit patelin polonais qui se nomme *Dzerdice*, dans lequel il y a de belles récoltes, du café meilleur qu'en Allemagne, un poste de douane, pas d'hôtel, une grande raffinerie de pétrole, des habitants polis, mais qui ne parlent que le polonais, une gare très sale où finit par passer le soir un grand express tchèque qui vient je ne sais d'où, mais qui va à Prague et dans lequel je trouve une excellente couchette.

Le lendemain matin, à sept heures, je me réveille à Prague.

CHAPITRE XIV

Tchécoslovaquie

Prague

Prague était la troisième ville de l'Empire d'Autriche après Vienne et Budapesth. A cheval sur la Moldau, affluent de l'Elbe, sa position topographique est admirable, avec sa colline qui porte l'immense palais du Ratchin, la cathédrale gothique et les demeures royales et princières de la vieille aristocratie tchèque.

La rivière est traversée par des ponts majestueux et de tous côtés se dressent des tours, des clochers, des beffrois qui datent de l'époque des rois de Bohême à laquelle la funeste bataille de la *Montagne Blanche* avait mis un terme.

Tout cela n'a rien d'allemand; le goût slave s'y marie élégamment aux styles gothique ou Renaissance et forme un ensemble à la fois décoratif et grandiose.

A peine a-t-on passé une heure à Prague et l'on s'est aperçu déjà que c'est une ville où l'on travaille. Faites un tour à travers les rues, partout vous voyez des libraires; presque autant qu'à Leipzig, et l'on est surpris qu'une langue que parlent à peine douze millions d'hommes dans le monde ait une littérature aussi

Carte schématique de la Tchécoslovaquie.

copieuse, généralement composée d'ouvrages sérieux, instructifs ou scientifiques. Le jugement que l'on porte sur un peuple d'après la quantité et la nature des livres qu'on y trouve n'est jamais trompeur.

Entrez dans un café; ils sont peu nombreux, mais vastes et bien aménagés; le garçon, avant de vous servir, vous apporte une brassée de journaux et de revues. Regardez autour de vous; les consommateurs sont absorbés dans une lecture sérieuse. Là, vous trouvez des quotidiens de tous les pays et, en particulier, de France, ce qui est rare partout ailleurs. Les Tchèques sont des polyglottes et de plus des amis de notre nation. Ne nous doivent-ils pas leur indépendance? et Dieu sait que c'est un bonheur qu'ils apprécient!

De tous les États enfantés après les convulsions de la Grande Guerre, c'est le seul qui ait l'avenir largement ouvert devant lui.

A ce petit peuple isolé dans le *Mitteleuropa*, qui gémissait depuis trois siècles sous une domination étrangère à ses mœurs, à sa race, à ses aspirations et qu'il détestait d'autant plus que c'étaient son travail et sa productivité qui faisaient vivre la monarchie austro-hongroise, tout ce passé n'apparaît plus que comme un mauvais rêve évanoui.

Ainsi libéré, il a eu la chance, ou la sagesse, de mettre à sa tête deux hommes de premier ordre, le président de la République *T. G. Massaryk*, professeur, philosophe, sociologue, connu et estimé dans toute l'Europe et le président du conseil *Bénès*, qui s'est classé d'emblée parmi les personnages politiques de haute valeur d'une époque qui, il est vrai, en compte fort peu,

Mais ce ne sont point là ses seuls gages de réussite et quiconque cherche à entrevoir les destinées de l'Europe centrale doit analyser les conditions d'existence de la Tchécoslovaquie afin de justifier les pronostics de son avenir.

Géographie politique

La République tchécoslovaque telle qu'elle a été créée par les traités de Versailles et de Saint-Germain a une forme géographique assez bizarre, mesurant du nord au sud, sous la latitude moyenne de Paris, environ 150 kilomètres, mais qui s'allonge de l'est à l'ouest, sur 1 000 kilomètres ; entourée d'un côté par l'Allemagne et tangente à l'est à la Roumanie et presque à la Russie. Sur une centaine de kilomètres, elle borde le Danube, auprès duquel son principal port est Presbourg[1] ; mais, n'ayant aucun accès à la mer, elle est tributaire de Trieste ou bien plutôt de Hambourg, où la relie l'Elbe et son affluent la Moldau, qui arrose Prague.

La population compte, en chiffres ronds, 14 000 000 d'âmes qui, répartis sur 150 000 kilomètres carrés, représentent une densité de près de 100 habitants par kilomètre. Elle se répartit en 65 p. 100 de Slovaques, 23 p. 100 de Magyars au sud, 5 p. 100 d'Allemands à l'ouest, et 5 p. 100 de Ruthènes à l'est. L'ex-Bohême autrichienne forme la masse principale du pays avec Prague, sa capitale, au centre. Dans l'ensemble, la Tchécoslovaquie est à la fois agricole et industrielle.

1. Aujourd'hui *Bratislava*.

Agriculture et industrie y sont dans un état d'avancement extrêmement remarquable. Seuls les districts de l'est ont besoin d'être entraînés par les Tchèques dans la voie du progrès.

L'Agriculture

Un tiers de la superficie est couvert de forêts; partout ailleurs règne la culture intensive qu'une instruction publique très développée rend de jour en jour plus scientifique et plus industrielle; on n'y relève que 4 p. 100 de terres incultes.

La sucrerie de betterave et la distillerie en sont les bases solides. Tout le monde sait que cultiver la betterave est le moyen d'avoir beaucoup de céréales. La betterave exige un sol profondément labouré, largement pourvu d'engrais et entretenu très propre par des sarclages; les récoltes qui la suivent en profitent. C'est le principe allemand et tout autant celui des Tchèques.

Aussi leurs productions de sucre et d'alcool sont-elles extraordinaires eu égard à la superficie du pays. Par tête d'habitant, la production chez les Tchèques était, avant la guerre, de 834 kilogrammes de sucre brut, chez les Danois de 480, chez les Hollandais de 388, en Allemagne de 353, en France de 187.

Par 100 hectares de terres cultivables, la Tchécoslovaquie produisait 127 tonnes de sucre, l'Allemagne 66, le Danemark 46, la France 200, l'Italie 91. Et pour l'alcool, en hectolitres : La Tchécoslovaquie 130, l'Allemagne 104, la France 73, le Danemark 50, i'Angleterre 47. Ces quelques chiffres en disent plus long que toutes les descriptions.

La situation économique du sucre dans le monde a

été bouleversée par la guerre. Le sucre de betteraves est en régression partout. Les sucres exotiques de canne, longtemps les seuls connus jusqu'au jour ou Napoléon, pour parer au blocus des mers par l'Angleterre, provoqua par un concours mémorable la fabrication du sucre extrait de la betterave, cédaient le pas à ces derniers pendant la seconde moitié du dix-neuvième siècle; la guerre leur a fait reprendre le dessus. Sur 16000000 de tonnes de sucre produits dans le monde, 8500000 sont tirés de la canne, 7500000 de la betterave.

Nulle part la diminution n'a été plus sensible qu'en France à cause des dévastations de ses plus riches terrains; notre production est tombée au quart de la normale. En Allemagne et en Tchécoslovaquie elle a été réduite de moitié, mais pour une autre raison qui n'est autre que la disette d'engrais azotés et phosphatés. Maintenant elle reprend, sauf en Allemagne où la distillerie s'est développée systématiquement, au lieu et place de la sucrerie, afin que le Reich ait son tonnage prévu de carburant national. Les Tchèques restent exportateurs.

Parallèlement, l'élevage n'est pas négligé. Si les Tchèques n'atteignent pas les résultats prestigieux du Danemark qui nourrit sur ses pâturages une moyenne de 85 bêtes à cornes par 100 hectares, ils arrivent du moins immédiatement après l'Allemagne qui en compte 60; ils en élèvent 51, l'Angleterre 42 et la France 34.

Pour les porcs, les chiffres sont respectivement : Danemark 86, Allemagne 71, Tchéco 29, France 18, Angleterre 13.

Etant donné l'impulsion énergique que la jeune République donne à l'enseignement primaire, à l'instruction professionnelle et aux Universités, elle se flatte d'arriver encore à mieux. Et cependant sur la proportion agricole globale de l'ancienne monarchie austro-hongroise, la production tchèque entrait pour 80 pour cent.

J'aurais tort d'oublier la brasserie, car le monde entier connaît la bière de Pilsen.

Un des grands espoirs de la République tchécoslovaque en son agriculture réside dans la répartition nouvelle qu'elle a édictée de la propriété rurale. Le gouvernement a le droit d'exproprier, avec indemnité, la portion des grandes propriétés qui dépasse 150 hectares de champs, jardins et prés, ou 250 hectares de toutes terres, bois et pâturages compris. Il y a toutefois quelques dérogations suivant les espèces. Cette loi a atteint treize cent mille hectares de propriétés.

Enfin la répartition des professions constate que 42 pour cent de la population est adonnée à l'agriculture, 30 pour cent à l'industrie, 28 pour cent au commerce et aux professions libérales. Ces proportions se rapprochent sensiblement de celles de la France. Elles prouvent en tout cas que l'industrie dont il me reste à parler, est, elle aussi, largement développée en Tchécoslovaquie.

L'industrie

La puissance de cette industrie repose avant tout sur l'activité, la science et l'esprit d'entreprise de ce peuple qui, placé entre les Allemands laborieux et les éléments sans vigueur de la monarchie dualiste austro-hongroise, a su s'inspirer des premiers et donner aux autres un exemple qui n'était suivi que de fort loin.

Il faut d'ailleurs reconnaître que les Tchèques trouvent sur leur propre sol des ressources naturelles de toutes sortes.

La houille y est abondante ; elle provient principalement de la partie bohémienne du puissant bassin de la Haute-Silésie, districts de Karvin et d'Ostrava, d'où les Tchèques extrayaient, en 1913, 10 millions de tonnes ; 4 autres millions sortaient des montagnes de la Bohême (Riesengebirge).

Le pays est plus riche encore en lignites ; cent vingt exploitations en produisaient 23 millions de tonnes. L'ensemble de ces deux productions classe la Tchéco-slovaquie parmi les pays riches en combustibles.

Les chaînes de montagnes qui circonscrivent la Bohême abondent en minerais divers, exploités sur le versant extérieur par les Allemands et sur le versant intérieur par les Tchèques. Minerais d'or, d'argent, d'urane et de wolfram, de soufre, de zinc, d'étain, de graphite. Une cinquantaine de sociétés travaillent à leur extraction et à leur traitement. La caractéristique de cette industrie est que tous les minerais sont traités dans le pays par des techniciens nationaux. Cette remarque est d'ordre général dans le monde. On peut juger de l'activité productrice d'un peuple suivant qu'il exploite lui-même ses ressources ou qu'il envoie les matières premières se faire usiner à l'étranger. Ce dernier cas est celui de l'Espagne, du Portugal, du midi de la France qui, notamment, exporte une partie de ses bauxites en Belgique, en Suisse et en Allemagne où elles sont transformées en aluminium qui vient ensuite concurrencer celui que nous produisons.

La Tchécoslovaquie possède quelques établissements métallurgiques dont le plus important est celui de *Skoda*.

Une fabrication bien connue dans le monde est celle des porcelaines, grès, céramiques et verres de Bohème qui occupe au moins cent mille ouvriers et fait l'objet d'une exportation considérable à laquelle il faut ajouter celle des terres réfractaires. Prague est le centre de la fabrication des bijoux en grenat avec 12000 ouvriers.

Il faudrait citer encore les industries textiles, celle du cuir, celle des produits chimiques qui subviennent largement à tous les besoins du pays.

Le Tchécoslovaque se livre avec entrain à sa besogne, aujourd'hui qu'il se sent les coudées franches. Ce sentiment de l'indépendance reconquise éclate en toute occasion. Un jour, je demandai à un personnage qui occupe un rang élevé dans l'Etat s'il participerait au partage très probable de ce qui reste de l'Autriche. — « Ah! non, me répondit-il, nous avons été sous la coupe des Habsbourg pendant trois cents ans, au cours desquels ils se sont fait entretenir par nous seuls, nous n'avons pas envie de recommencer. »

On sait que les Tchèques n'estiment pas davantage les Hongrois. Singulières manifestations de bon voisinage dignes d'être méditées par les croyants attachés à l'espoir de la paix perpétuelle!

Les Sokols

Enfin les Tchécoslovaques ne le cèdent à aucun peuple dans les soins qu'ils apportent à la vigueur et à la santé de leur propre race. Il suffit de visiter leurs écoles, leurs hôpitaux, leurs établissements publics. Les installations sont exemplaires et les règlements d'hygiène rigoureusement appliqués.

Ils s'adonnent à la culture physique avec plus d'ardeur peut-être encore que les Allemands.

La base de tous les exercices physiques, sport, athlétisme, tourisme est l'institution des *Sokols*, fondée en 1862 pour relever le peuple tchèque physiquement et moralement, afin qu'il pût un jour reconquérir sa liberté.

Sokol est le nom tchèque du faucon, oiseau agile et vigoureux, et ce rapprochement indique que le but de cette association est quelque peu dépourvu d'esprit pacifiste. Elle formait sous la monarchie dualiste une véritable armée séparatiste qui, en 1913, comptait 1 180 unions composées de 110 000 hommes et 22 000 femmes, plus 15 000 adolescents des deux sexes et 46 000 pupilles de 6 à 14 ans. Aujourd'hui le nombre des Unions locales dépasse 2 000 et celui de tous les membres 550 000 ! Pendant la guerre et après la défaite de l'Autriche ce sont les Sokols qui ont assuré l'ordre dans le pays.

Une autre étude qui demanderait de longs développements serait celle des organisations coopératives de la Tchécoslovaquie qui ont atteint un développement et une perfection dignes d'être imités.

Si j'ai insisté avec quelques détails sur les conditions d'existence et la vitalité de ce vaillant peuple, c'est qu'elles étaient peu connues jusqu'ici, attendu que l'on noyait jadis plus ou moins systématiquement ses efforts parmi ceux très modérés du reste de l'Empire austro-hongrois. Le grand public ne connaissait guère la Bohême que sous les espèces des eaux de *Carlsbad*, de *Marienbad*, etc., rendez-vous de nombreux baigneurs et de non moins nombreux snobs. Car c'est encore une des bonnes fortunes de cette contrée de posséder des eaux thermales de tous côtés et des paysages montagneux d'une puissante séduction, parfaitement mis en valeur.

Crise monétaire

Il semblerait qu'un peuple ainsi lancé dans la voie du travail et du progrès ne dût plus rencontrer d'obstacles. Et cependant l'année 1922 a été pour lui hérissée de crises et de difficultés. Bien que le programme de ce livre laisse de côté les questions politiques et les complications financières de l'heure présente pour ne s'attacher qu'aux qualités et aux défauts des peuples et aux ressources naturelles des pays pour augurer par là de leur avenir, le cas de la Tchécoslovaquie est si topique que je ne puis le passer sous silence. Son trouble momentané vient uniquement de la hausse trop brusque de son change. En 1921, la couronne valait, je crois, 15 centimes ; quelques mois plus tard, elle était monté aux environs de 48 !

De là une perturbation générale dans les exploitations, dans les marchés, dans les exportations, dans le coût de l'existence. Dès l'instant où, pour le même objet ou le même service, on demande toujours le même nombre de couronnes, tous les prix sont faussés. La vie qui était bon marché devient indignement chère ; le travailleur dont on veut diminuer le salaire s'y

refuse; d'où conflits, grèves, lock-outs et toutes leurs
conséquences; l'étranger s'enfuit, épouvanté par les
tarifs en vigueur; l'exportation est bloquée et pour
maints articles fait place à de l'importation. Je ne
connais pas d'exemple plus saisissant de ce qui se pas-
serait si, par un coup de baguette de fée, les diverses
monnaies se rapprochaient partout, en quelques mois,
de leur valeur normale.

CHAPITRE XV

D'Autriche en Bavière

Vienne

Quel contraste entre l'entrain et la vitalité de Prague et le marasme de Vienne! Cette ville magnifique, naguère si pimpante et si gaie, tourne à la nécropole. Elle n'est plus que la tête exsangue d'un être amputé de ses membres et privé des organes qui le faisaient vivre. On se demande ce que va devenir une capitale de 2 000 000 d'habitants faite pour un état de 56 000 000 d'âmes et qui n'en compte plus que 6 000 000. Tout y est devenu disproportionné par rapport à l'exiguité du territoire dont elle est la métropole : palais somptueux sans souverains, ministères immenses sans bureaucrates, casernes sans soldats, théâtres sans artistes, musées incomparables sans visiteurs ou plutôt sans gardiens, dès lors presque toujours fermés, car je crois fort que c'est la même équipe de gardes qui se rend tantôt dans l'un, tantôt dans l'autre, suivant les jours de la semaine.

Que peu de monde il y aurait dans les rues s'il n'y avait pas les étrangers et les Israélites? On se croirait ici à Jérusalem en Judée plutôt qu'à Vienne en Autriche,

Indigence dans les hôtels, indigence dans les magasins, indigence dans les restaurants et les cafés, indigence partout excepté dans les banques, dont le
nombre est devenu incalculable. On aimerait apprendre de la bouche des grands maîtres de l'économie politique la cause qui multiplie les établissements
de crédit et de commerce dans un pays qui n'a plus ni
commerce, ni crédit. Sans les consulter, je réponds
qu'il reste la *couronne*, il en faut tantôt 70 000 tantôt
100 000 pour faire un dollar, et alors c'est la ruée à
la spéculation sur les devises.

Ne demandons pas aux négociateurs du traité de
paix de nous expliquer ce qu'aura pour subsister, en
dehors de l'agiotage, ce pauvre résidu de l'Empire
des Habsbourg.

A quel saint va-t-il se vouer ?

Prague ne veut le prendre, Rome ne l'ose, Budapest n'y songe ; reste l'Allemagne... Mais n'entrons
pas dans le champ des hypothèses.

Pour l'instant, on ne peut que se demander par la
vertu de quel miracle se nourrissent les habitants de
Vienne, car la vie y est trois fois plus chère qu'à Berlin. Ils appellent au secours *la Société des Nations* ; mais
qui prêtera de l'argent à un peuple qui n'aura jamais
la possibilité de le rendre ?

De Vienne à Munich

Malgré la détresse publique et privée dans toute
l'Autriche, les chemins de fer fonctionnent ; ils fonctionnent mal ; mais il y a encore de temps en temps
quelques trains pour les voyageurs. Quelle caisse peut

bien subvenir aux déficits d'une telle exploitation? C'est un mystère qui s'ajoute à tant d'autres mystères de la vie autrichienne d'aujourd'hui et que les voyageurs de passage n'ont pas la patience d'éclaircir.

L'étude de cette question serait sans doute plus instructive que les incidents de route personnels dont les touristes ont coutume d'émailler leurs récits. Je n'hésite cependant pas à raconter ce qui m'advint quand je quittai Vienne. On va voir pourquoi.

M'étant rendu une demi-heure d'avance à la gare pour prendre le train de Munich à 20 h. 15, je trouvai tous les guichets fermés; un quart d'heure plus tard, ils s'ouvrent et cent personnes s'y précipitent. Une vingtaine au plus étaient servies que la baraque aux tickets se referme, un employé annonce, sans dire pourquoi, qu'on en a assez délivré pour ce jour-là. Résignés à tout, les voyageurs laissés pour compte se dispersent. Moins accommodant, je m'efforce de me procurer une place; peine perdue, jusqu'au moment où une idée de génie me tire d'affaire. Deux jours après, s'ouvrait à Genève une réunion de la Société des Nations, où l'on devait proposer un crédit à l'Autriche. Je déclare à un employé que j'y suis délégué et que je vais de ce coup manquer la première séance. Abandonnant tout, ce brave garçon me conduit précipitamment vers le chef de gare qui, à son tour, m'accompagne tout aussi précipitamment à un wagon de première classe en me disant : « Montez vite, vous payerez en route. » Ce soir-là, j'ai sincèrement pensé que le *Vœlkerbund* (*Société des Nations*) a tout de même du bon. Je me trouvai tout seul dans mon compartiment ; en sorte que le mystère du guichet fermé, qu'un manque de places aurait pu justifier, s'épaissit encore.

Munich n'était pas primitivement dans mon itinéraire, le territoire bavarois étant réputé inhospitalier aux Français. Mais une information lue à Prague, dans un journal de Paris, m'avait fait changer d'avis. Il y était dit que « la gare de Munich est déjà la plus vaste du monde et que les Allemands l'agrandissent encore ». D'autres journaux français répétaient la même phrase. Tout en faisant la part d'erreur que le correspondant avait commise, car la gare de Munich, déjà ancienne, et pas du tout monumentale, n'est que la quatrième, non pas dans le monde, mais en Allemagne, venant après celles de Francfort, de Hambourg et de Leipzig, je ne doutai pourtant pas que ces agrandissements en cours ne fussent une des curiosités de l'Allemagne. Voilà pourquoi je me trouvais dans ce train qui d'ailleurs nous y transportait sans se presser. Douze heures après Vienne, il avait déjà six heures de retard ! Il entrait à Salzbourg à treize heures au lieu de sept heures du matin ; les voyageurs étant à jeun, car tous les buffets sont clos.

A Salzbourg, double douane et parcage des voyageurs dans une enceinte fermée. Finalement, nous arrivâmes à Munich à dix-sept heures passées, toujours à jeun. Pauvre Autriche !

Munich

Quant aux agrandissements de la gare, j'avais beau regarder en tous sens, pas une pierre neuve, pas une charpente fraîche, pas un échafaudage n'apparaissaient.

Cylindre tournant colossal remplaçant les écluses
pour hisser les bateaux dans un canal.

Rien n'était changé depuis le mois d'octobre 1913 où je l'avais fréquentée pour la dernière fois. L'information était bonne à joindre au stock volumineux des fausses nouvelles.

Trouver une chambre d'hôtel à Munich était impossible. Les touristes y étant à ce moment innombrables ; le Tyrol est si beau et la *Passion d'Oberamergau* battait son plein ! Je trouvai chez l'habitant un logis, confortable et point cher, agrémenté d'une réelle bonne grâce. Les Munichois ne sont point si féroces qu'on le dit, et une représentation du *Crépuscule des Dieux* eu théâtre du Prince Régent vous fait oublier bien des avatars.

Toutefois, les boutiquiers de Munich défendent énergiquement leurs marchandises contre les étrangers dont la ville regorge. D'ailleurs, ce faisant, ils appliquent simplement les circulaires que le Reich ne cesse d'émettre pour empêcher les marchands de détail de se démunir de leurs articles — ou plutôt de certains articles — entre les mains des étrangers.

. Il ne faut donc pas compter, même avec une brassée de billets de mille marks obtenir un complet ou une paire de bottines. On est contraint de se rabattre sur la bière, la promenade, les musées, les théâtres et les tramways.

La Bavière étant un pays surtout agricole, les vivres y sont plus abondants et plus variés que dans l'Allemagne du Nord. La querelle entre Munich et Berlin repose autant sur des questions d'alimentation que sur des causes politiques. La prédominance des idées réactionnaires en Bavière tient précisément à l'horreur des paysans et des montagnards pour la révolution. Mais de là à un séparatisme quelconque, il y a loin. Le mot *Deutschland* est comme un ciment qui réunit toutes les parties de l'Empire.

Nuremberg

Tout le monde sait que la perle de la Bavière et même de toute l'Allemagne, c'est Nuremberg, située au nord-ouest de Munich, au pied de la chaîne boisée du Spessart.

La visite de cette ville, dont tout le noyau ancien a été religieusement conservé, est un enchantement. On y revit le moyen âge et la Renaissance au milieu de ce que les Allemands ont fait de mieux dans tous les arts. Nulle part ailleurs, en Germanie, on ne retrouve à la fois un tel goût artistique et une telle maîtrise dans l'exécution, surtout dans le travail des métaux. Ainsi les Fischer furent certainement, à leur époque, les égaux des plus grands artistes de France et d'Italie. Ici comme ailleurs, nous devons honorer la mémoire de ces maîtres dont l'art a été tué par l'industrie moderne.

Aujourd'hui, Nuremberg, avec ses trois cent mille habitants, est la ville la plus industrielle de la Bavière. C'est là notamment que se trouvent les ateliers de constructions mécaniques électriques et hydrauliques (*Maschinen Fabrik Augsburg-Nürnberg*), plus connus sous l'abréviatif de *M. A. N.*

Et pourtant, la situation de cette ville ne lui confère jusqu'ici aucun avantage pour le développement de la grosse industrie ; elle n'est pas sur un cours d'eau navigable et n'a pas de combustible minéral à sa portée. Mais elle nourrit pour un avenir prochain de vastes espérances.

Il s'est tenu en 1922, dans le parc public de Nuremberg, du 15 août au 30 septembre, une exposition qui en donnait les perspectives grandioses et détaillées.

Cette exposition comprenait exclusivement trois domaines : L'énergie hydraulique, le chauffage et les transports par batellerie.

On pouvait étudier là, avec une absolue précision, tout ce qui concerne ces trois éléments d'activité technique.

Des cartes murales à grande échelle, des statistiques et des graphiques multipliés, des photographies et des plans en relief des travaux déjà exécutés et de ceux à exécuter, tout l'outillage pour les construire et les aménager.

Des cours et des conférences y étaient faits à jours fixes dans une grande salle pourvue d'écrans à projection et à vues cinématographiées.

Un mode d'instruction par les yeux frappait particulièrement les visiteurs : au milieu d'une grande table était posé un cube représentant un quintal métrique de houille. De ce bloc partaient en tous sens des fils qui aboutissaient à de petits amas de produits divers, de masses très variables, dont le poids était inscrit sur chacun. Cet ensemble figurait combien 100 kilos de houille sont nécessaires pour obtenir le poids inscrit sur les tas de coke, de fonte, d'acier, de sucre, d'alcool, de cuir, de ciment, de colle, de goudron, de benzol, de colorants, de soude, etc., etc. On ne s'imagine pas à quel point une telle représentation est instructive pour des écoliers ou pour des profanes qui veulent se documenter quelque peu.

Mais la partie maîtresse de l'exposition était le champ ouvert à la *houille blanche*. La Bavière, en effet, est le seul État allemand qui, grâce aux Alpes tyroliennes, soit d'une belle richesse en forces hydrauliques. Les quatre principaux affluents de la rive droite du Danube l'*Iller*, le *Lech*, l'*Isar* et l'*Inn*, y compris les torrents qu'ils reçoivent, peuvent fournir plusieurs millions de chevaux hydrauliques.

Quelques centaines de milliers de chevaux sont déjà installés ; quatorze cent mille sont représentés dont la captation est prévue, étudiée et en construction ou en projet. C'est la fortune industrielle pour la Bavière, déjà partiellement réalisée, et escomptée totalement pour un prochain avenir.

Et la troisième partie de l'exposition montrait, comme couronnement de l'édifice, toute l'organisation technique et économique du fameux *canal du Rhin au Danube* qui traverse la Bavière de part en part et fera de ce pays, jusqu'ici déshérité au point de vue des communications fluviales, le mieux pourvu de toute l'Europe. Nuremberg, notamment, sera à peu près au centre de cette immense artère.

Mais il importe de donner une vue d'ensemble sur les voies fluviales dont jouit l'Allemagne ou dont elle jouira sous peu.

CHAPITRE XVI

Les grandes voies d'eau

Les voies existantes

Depuis longtemps, les Allemands estiment qu'une grande nation industrielle doit utiliser au maximum les voies fluviales pour le transport des marchandises lourdes. La théorie qui prétend que la locomotive a détruit la batellerie n'a pas cours chez eux. Aussi ont-ils donné à la navigation intérieure un développement d'une ampleur croissante et jamais leurs efforts dans ce domaine n'ont été plus intenses qu'à l'heure actuelle.

Le système hydrographique du pays, d'ailleurs, s'y prêtait. Les fleuves allemands, qu'ils se jettent dans la mer du Nord, comme le Rhin, l'Ems, la Weser, l'Elbe, ou dans la Baltique, comme l'Oder, la Vistule, la Prégel, sont presque parallèles ; leur débit a une constance relative et leur cours une tranquillité que ne connaissent guère les rivières du midi de l'Europe qui convergent vers la Méditerranée.

Les ingénieurs allemands ont donc commencé par assurer la navigabilité, jusque très haut en amont, de tous ces fleuves, et de leurs principaux affluents, lais-

sant toutefois subsister plusieurs types d'inégal gaba-
rit et par suite incapables de recevoir tous des bateaux
de mêmes dimensions. Certains ne peuvent porter que
des péniches de 3oo tonnes, tandis que sur l'Elbe on
en rencontre de 1 6oo tonnes, et sur le Rhin de 3 5oo.
D'autres, enfin, ont dû être canalisés dans presque
toute leur longueur, ce qui, notamment, a formé le
Dortmund-Ems-Kanal.

Vers l'embouchure de chacun de ces fleuves, un port
maritime a été créé. Le Rhin est le seul dont le delta
ne soit pas en terre germanique; Rotterdam en Hollande, et Anvers en Belgique, grâce à un canal à grand
trafic, sont ses exutoires; puis Emden sur l'Ems,
Brême sur la Weser, Hambourg sur l'Elbe, Stettin
sur l'Oder, Dantzig sur la Vistule, Kœnigsberg sur la
Prégel. La plupart ne sont pas situés sur la côte, mais
assez loin dans les terres. La plus grande place maritime de l'Allemagne, Hambourg, est à 110 kilomètres
de l'embouchure de l'Elbe, ce qui a donné naissance
à des ports auxiliaires voisins de la mer de Cuxhafen,
sur l'Elbe, et de Bremerhafen en aval de Brême sur la
Weser.

Pour compléter l'œuvre de la nature qui a orienté
les fleuves allemands dans la direction générale sud-
est, nord-ouest, il s'agissait de les réunir entre eux,
vers le milieu, puis vers le haut de leur cours par des
canaux transversaux sillonnant le pays de l'ouest à
l'est. Il s'agissait surtout de créer un débouché vers le
centre et l'est du Reich, afin de donner issue à la formidable source de richesses houillères et métallurgiques du bassin de la Ruhr qui est tout à l'ouest. C'est
le rôle notamment du *Ems-Weser-Kanal* qui relie ces

deux fleuves et se prolonge depuis peu vers l'est jusqu'à Hanovre.

Le Rhein-Herne-Kanal

Plus au sud, un canal de grandes dimensions a été amorcé dès avant la guerre, sur une longueur de 38 kilomètres; c'est le *Rhein-Herne-Kanal*, œuvre audacieuse et compliquée qui vaut qu'on s'y arrête.

L'accroissement de la production houillère et métallurgique de la Ruhr avant la guerre était tel qu'on ne pouvait plus l'évacuer vers l'est par les voies ferrées, si nombreuses qu'elles fussent. On estimait le trafic en tous sens à plus de 15 millions de wagons par an, soit environ 1000 trains par jour!

On se mit à étudier une voie d'eau, à la suite de quoi fut résolu et exécuté un plan étrangement hardi qui consiste à couper tout le bassin de la Ruhr, de l'ouest à l'est, et dans sa partie la plus encombrée de villes, de puits et d'usines, par un canal à grande section qui partant du Rhin à Ruhrort aboutit à Herne, où il communique avec le canal de Dortmund à Emden.

Ce projet souleva alors autant de difficultés politiques que techniques. Les premières étant surmontées, l'entreprise fut mise en train vers 1906. On avait à traverser le réseau de routes et de voies ferrées le plus serré qu'il y ait au monde; c'est ainsi que sur 38 kilomètres de parcours, le canal recoupe 29 routes et 21 lignes de chemins de fer, pour lesquelles il a fallu construire 39 viaducs et cela sans interrompre le trafic journalier. On a dû exproprier des domaines privés et quantité d'immeubles tout neufs, voire même d'usines. Cette artère, en partant de Herne, dessert les villes de

Wanne, Gelsenkirchen (185000 habitants), Essen
(480000), Oberhausen (150000) pour aboutir dans le
bassin le plus oriental du port de Ruhrort.

Tout le long du canal, on a disposé des renflements
ou même de véritables bassins latéraux, avec ou sans
écluses, qui s'avancent au pied même des grands établissements métallurgiques ou des chevalements de
mines qui sont ici les plus importants de toute la
Westphalie. Quinze charbonnages sont de la sorte
reliés à la voie d'eau.

Ce travail étonnant, ainsi que toutes ses annexes,
y compris la régularisation de la Ruhr qui a été rendue
navigable jusqu'à Mulheim, était à peu près terminé
au moment de la guerre. Il est à cette heure depuis
longtemps achevé et en pleine exploitation.

C'est également au *mois de juillet* 1914 qu'a été
accompli l'agrandissement du *Canal-Empereur-Guil-
laume* (ou *de Kiel*) qui réunit la Baltique à la mer du
Nord, en évitant les détroits scandinaves. Sans cet
achèvement, les gros Dreagdnouths allemands, les
détroits étant bloqués, n'eussent pu passer d'une mer
dans l'autre. C'est un mois après la fin des travaux
que la guerre a été déclarée[1] !

Le Rhein-Herne-Kanal, qui va aujourd'hui jusqu'à
Hanovre, n'est que l'amorce du *Mittland-Kanal*, destiné
à se prolonger successivement jusqu'à l'Elbe, à l'Oder
et à la Vistule.

On peut voir, en effet, sur la carte, qu'il n'existe encore
actuellement aucune communication directe par eau
douce entre l'ouest et l'est de l'Allemagne. Il y a une

1. Voir *les Derniers Progrès de l'Allemagne.*

solution de continuité entre la Weser et l'Elbe. On travaille en ce moment à cette liaison. Le canal atteindra l'Elbe dans la région de Magdebourg.

Le Hansa-Kanal

Toutefois, ce parcours paraît encore trop long aux industriels et aux armateurs de Hambourg, le plus grand port et entrepôt de l'Europe dont à cette heure, le développement est tel que son tonnage d'avant-guerre est déjà dépassé. Aussi a-t-on étudié un nouveau canal à grande section, le *Hansa-Kanal*, qui réunira directement le bassin de la Ruhr à Brême et à Hambourg, en passant par Lemfœrde.

L'étude et la réalisation du Hansa-Kanal sont poursuivies en commun par Hugo Stinnes, la Hambourg-Amerika, et les Chambres de commerce d'Altona, de Hambourg et de Lubeck. Il passera par Lemfœrde, Bassum, traversera la Weser et poursuivra son cours pour déboucher sur l'Elbe, entre Magdebourg et Hambourg; il jettera à gauche un embranchement sur Brême et un autre à droite, sur Hanovre. Sa longueur totale sera de 573 kilomètres.

Quand le *Mittland-Kanal* et le *Hansa-Kanal* seront achevés, — et l'on connaît la rapidité d'exécution des travaux en Allemagne, — Berlin, Hambourg et tout le bassin de l'Elbe seront libérés du charbon anglais qui jusqu'ici alimente en partie la capitale et plus encore le grand port de l'Elbe.

Cet appoint de houilles et aussi les quantités qui seront expédiées vers la mer Noire par le canal du Rhin-Danube dont je vais parler, seront fournis par le bassin de la Ruhr, dont les sondages en cours et de nouveaux puits en forage assurent la possibilité d'augmenter encore l'énorme production.

Ce gisement, d'après les dernières évaluations, contiendrait de 15o à 2oo milliards de tonnes de houille reconnue. On en pourra donc extraire 15o millions par an pendant plus de dix siècles (114 millions en 1913). A l'heure actuelle, il est tout juste effleuré. On a trouvé en certains points plus de 5ooooo tonnes par hectare !

Les calculateurs en chambre qui ont la marotte de chiffrer la valeur d'un gisement d'après le nombre de tonnes qu'il contient resteront confondus devant le total de 2oo milliards à 5o francs la tonne ; ce sont les mêmes qui, au cours de la guerre, supputaient que l'Alsace nous ferait bénéficier d'un seul coup d'un capital de 5o milliards en potasse. Ils oublient l'aphorisme américain qui dit que *toute chose en ce monde n'a de valeur qu'à la condition d'être exploitée et transportée*. Les Allemands, eux, ne l'oublient pas.

Le canal du Rhin au Danube

Jusqu'ici les artères de navigation intérieure créées par l'Empire ne sortent pas (sauf le Rhin) des limites du Reich, et le pays est privé de communication par eau avec le bassin de la Méditerranée et la mer Noire.

C'est pourquoi les Allemands du Nord jetaient des regards d'envie vers ce fleuve magnifique, le Danube, qui, traversant l'Autriche, la Hongrie, la Yougo-Slavie, la Bulgarie, la Roumanie, est l'organe d'un trafic indéfini vers l'Orient.

A vrai dire, l'idée de la liaison du Rhin au Danube n'est pas nouvelle, puisqu'elle remonte à Charlemagne. Le grand empereur d'Occident en avait même tenté l'entreprise.

De longs siècles s'étaient écoulés et la guerre de Trente ans était close depuis quelques années, lorsqu'un ingénieur du nom de Wassemberg, soutenu par le prince évêque Marquart, de Nuremberg, établit les plans d'un canal entre les deux grands fleuves, qui partant du Danube aurait rejoint le Mein.

Napoléon, pendant ses campagnes d'Allemagne, avait fait étudier un plan analogue par ses ingénieurs. L'entreprise était même décidée, lorsque ses revers privèrent pour longtemps l'Europe des nombreux et immenses projets, que son imagination créatrice avait enfantés.

Il faut arriver à l'année 1845 pour constater un commencement de réalisation. A cette époque fut ouvert un modeste canal entre le Mein et le Danube, le *Ludwigskanal*, ainsi nommé parce qu'il était l'œuvre du roi de Bavière; mais il ne pouvait recevoir que de tout petits bateaux, et pas de marchandises lourdes; les aménagements en étaient rudimentaires et, pour comble de malchance, sa mise en service coïncidait avec le développement croissant des chemins de fer qui dans toute l'Europe faisaient abandonner les routes et les voies fluviales, dont Napoléon avait été l'infatigable promoteur; le canal fut délaissé.

Mais les temps ont changé! Aujourd'hui, en Allemagne principalement, tout est à la navigation fluviale, au point que beaucoup d'économistes proclament qu'une région, non desservie par eau, ne peut être puissamment industrielle, et comme la Bavière, par sa situation géographique, se trouve l'État allemand, à la fois le plus déshérité à ce point de vue et le plus intéressé à l'artère de liaison entre le Rhin et le Danube qui la traversera tout entière, c'est de Munich que, dès avant la guerre de 1914, sont parties les initiatives vers cette grande entreprise.

Les compétitions d'ailleurs ne manquaient pas : le Wurtemberg surtout s'agitait en faveur d'un autre projet par le Neckar. Mais il est inutile de rappeler ces discussions, puisqu'aujourd'hui les efforts de l'*Union Mein-Danube* (Mein-Donau Stromverband), fondée en 1917, ont abouti à l'adoption de son projet.

Le Mein, qui, comme on le sait, se jette dans le Rhin en face de Mayence, a été rendu accessible aux chalands de fort tonnage, avant la guerre jusqu'à Francfort, où a été créé un port très vaste qui a coûté une centaine de millions de marks.

Récemment la canalisation de la rivière a été prolongée jusqu'à Aschaffenbourg, dont le port a été inauguré solennellement en novembre 1921.

C'est là que s'arrête actuellement la batellerie de gros tonnage sur le Mein.

Il s'agira de canaliser cette rivière en amont d'Aschaffenbourg jusqu'à Gemunden, où elle forme une vaste boucle que l'on coupera par un canal en pleine terre jusqu'à Schweinfurt. On raccourcira ainsi le parcours de 75 kilomètres. Entre Schweinfurt et Bamberg on reprendra la canalisation du Mein. Là s'amorcera le canal proprement dit qui desservira la vieille cité industrielle de Nuremberg; la ligne de partage des eaux entre la mer du Nord et la Méditerranée sera

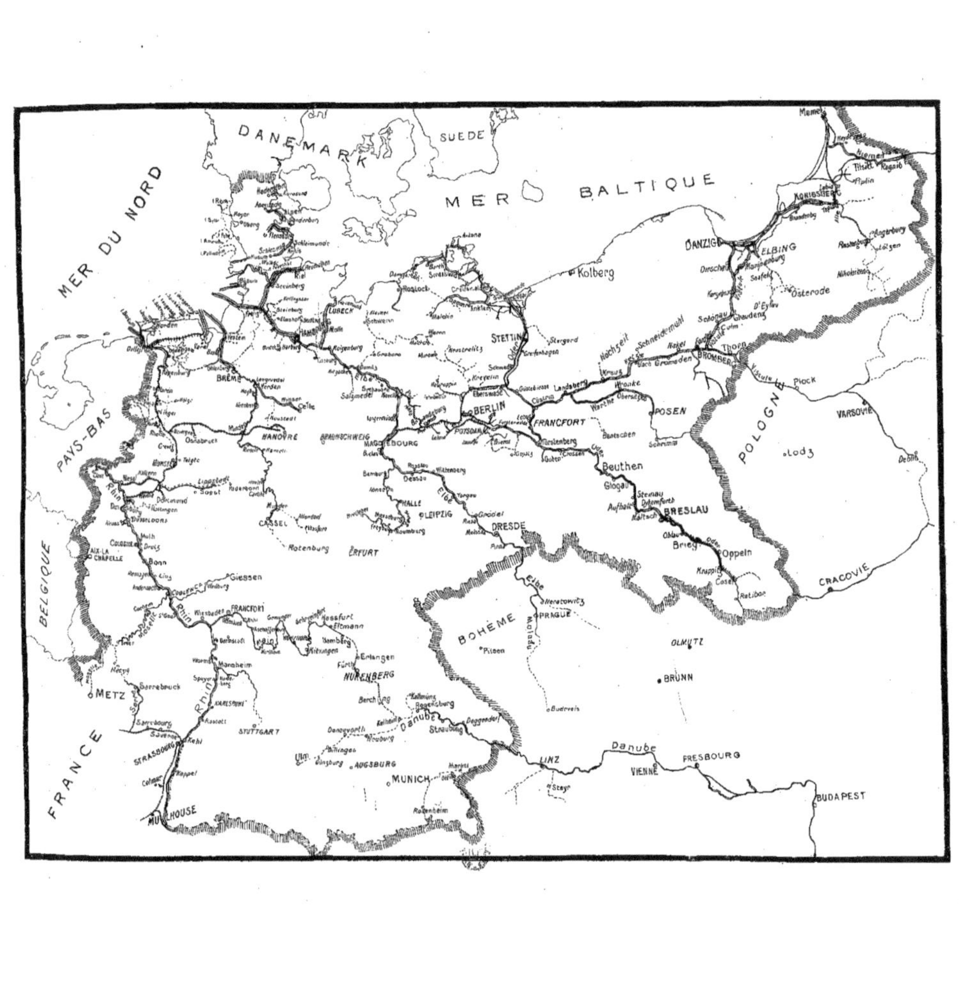

MER DU NORD
DANEMARK
SUEDE
MER BALTIQUE
PAYS-BAS
BELGIQUE
FRANCE
POLOGNE
VARSOVIE
BOHÈME
CRACOVIE
Memel
KÖNIGSBERG
DANZIG
ELBING
Kolberg
STETTIN
BERLIN
FRANCFORT
POSEN
Lod3
Beuthen
Glogau
Stenau
BRESLAU
Brieg
Oppeln
Cosel
Ratibor
BRÊME
HANOVRE
BRAUNSCHWEIG
MAGDEBOURG
LÜBECH
CASSEL
Rotenburg
ERFURT
HALLE
LEIPZIG
DRESDE
PRAGUE
Pilsen
OLMÜTZ
BRÜNN
AIX-LA-CHAPELLE
Bonn
Giessen
FRANCFORT
BELGIQUE
Rhin
METZ
Sarrebruck
STUTTGART
STRASBOURG
Kehl
Colmar
MULHOUSE
Mannheim
KARLSRUHE
NUREMBERG
Fürth
Erlangen
Ulm
AUGSBURG
Danube
Straubing
Deggendorf
MUNICH
Rosenheim
LINZ
VIENNE
Danube
FRESBOURG
BUDAPEST
Thorn
BROMBERG
Plock

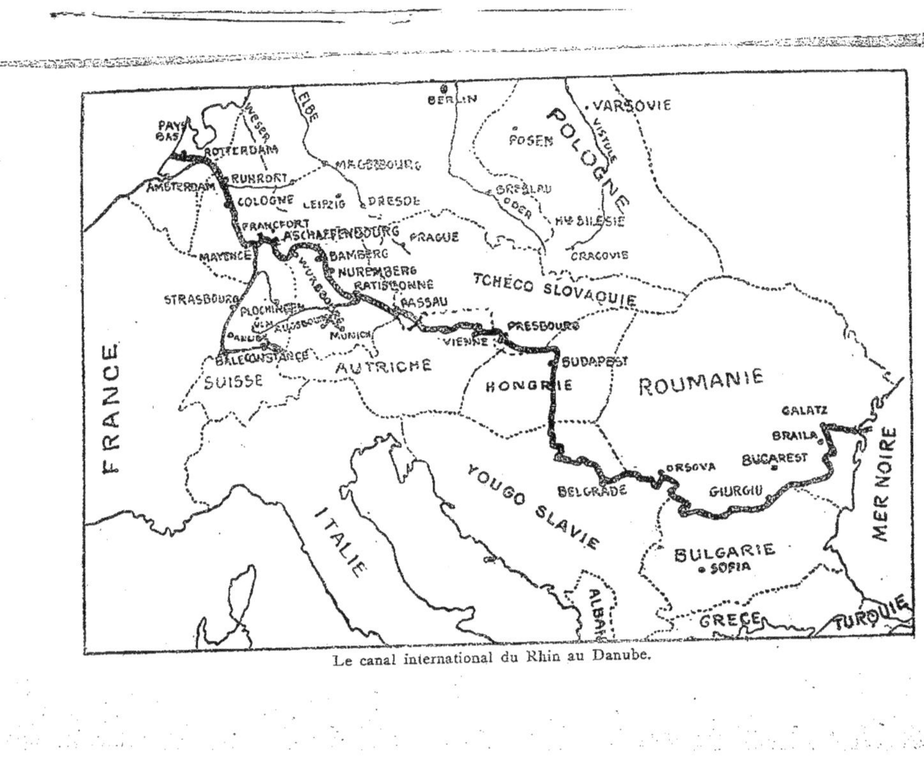

Le canal international du Rhin au Danube.

franchie, à travers les montagnes boisées de Franconie à Hippolstein (406 mètres).

Pour descendre ensuite sur le Danube, le tracé qui est le même que celui du Ludwigskanal suit la petite rivière d'Altmuhl qui débouche sur le Danube à Kehlheim.

De Kehlheim à Passau le Danube n'est pas navigable pour les grands bateaux; il faudra approfondir et régulariser son cours.

A partir de Passau, dernière ville bavaroise sur le fleuve, il est navigable pour les plus vastes chalands jusqu'à la mer Noire.

L'alimentation en eau de la partie supérieure du canal a soulevé une grave difficulté technique; on l'a résolue d'une façon extrêmement audacieuse. Le Danube reçoit sur sa rive droite, à une soixantaine de kilomètres en amont de Kehlheim, un affluent considérable, le *Lech*, qui descend des Alpes tyroliennes et passe à Augsbourg. En un point de cette rivière on prélèvera une dérivation en conduite forcée qui sera dirigée jusqu'à la ligne de partage des eaux d'Hippolstein d'où elle pourra alimenter les deux pentes du canal. La longueur de cette conduite dépassera 100 kilomètres.

L'aménagement du Mein, du canal et du Danube devra permettre la circulation de bateaux de 1 200 tonnes et de 72 mètres de long, 10 mètres de large et 2 m. 30 de tirant d'eau. On prévoit même la possibilité de chalands de 1 500 tonnes, avec 85 mètres de longueur.

Mais le Rhein-Donau-Kanal ne sera pas seulement une voie de trafic; on captera en outre toute l'énergie contenue dans ces eaux qui descendront d'écluse en écluse des montagnes de Franconie jusqu'aux deux grands fleuves. On compte récupérer ainsi 400 000 chevaux, en Bavière seulement, qui équivaudront à quelques millions de tonnes de houille, dont cette région est privée.

La Bavière, sur laquelle s'étend tout le tracé du canal pourra développer des industries aussi avantageusement que l'Allemagne de l'Ouest. Nuremberg ne sera plus handicapée pour la marche de ses grandes usines.

A Nuremberg notamment sont présentés en ce moment au public les plans, les photographies, les maquettes de ces immenses travaux, avec tous leurs procédés d'exécution; il y a là une série d'appareils absolument inédits et grandioses. C'est ainsi que les ingénieurs restent passablement stupéfaits devant les engins projetés pour faire franchir aux chalands les différences de niveau des écluses. Qu'on imagine de monstrueux cylindres creux horizontaux, en tôle, dans le bas desquels s'engouffrera un bateau. Ce bateau étant maintenu horizontal, telle une nacelle dans la grande roue, le cylindre mis mécaniquement en rotation ayant décrit un demi-tour, le bateau se trouvera transporté verticalement à la hauteur du bief supérieur de l'écluse.

Plusieurs autres ingénieux appareils d'ascension des chalands sont parallèlement exposés.

L'entreprise générale est assumée par une société qui a été fondée à Munich le 30 décembre 1921. La propriété de toute l'œuvre sera transférée au Reich, mais la société en jouira, pendant cent années. On prévoit naturellement une dépense de plusieurs milliards de marks — non pas des milliards de marks papier d'aujourd'hui — pour l'achèvement de ce gigantesque travail d'ingénieur qui peut se comparer à un canal de Suez ou de Panama; mais quand on en suppute les résultats financiers, économiques et politiques, on comprend l'engouement de l'Allemagne pour sa réalisation et la puissance des moyens qui sont mis en œuvre pour l'exécuter rapidement.

Passons en revue les pays et les principales villes que baignera cette voie d'eau de plusieurs milliers de kilomètres entre Rotterdam et Anvers d'un côté, et la mer Noire, de l'autre : Hollande, Belgique, Allemagne, Autriche, Tchécoslovaquie, Hongrie, Yougoslavie, Bulgarie, Roumanie; parmi les innombrables villes traversées nous trouvons d'abord les cités hollandaises et belges qui presque toutes sont reliées au Rhin par des canaux, puis les grandes villes industrielles de la vallée du Rhin : Duisbourg-Ruhrort, Dusseldorf, Cologne, Bonn, Coblence, Mayence, Ludwigshafen, Mannheim, Carlsruhe, Strasbourg; puis sur le Mein et le canal, Francfort, Hanau, Aschaffenbourg au pied de l'immense et superbe forêt du Spessart, Wurtzbourg, Schweinfurt, Bamberg, Nuremberg, Ratisbonne, Straubing, Passau; enfin sur le Danube presque toutes les capitales des états danubiens : Vienne, Presbourg, Budapest, Belgrade, Orsova, Bucarest, Braïla.

Si maintenant on considère les productions respectives aux divers points de cette longue artère, on remarque qu'elles sont complémentaires les unes des autres. Tandis que la Rhénanie enverra dans la vallée du Danube ses houilles, ses aciers, ses machines, ses produits chimiques, les régions du bas Danube lui donneront en échange des céréales, du bois, du pétrole, des pierres, des minerais. Les bateaux ne circuleront à vide ni à l'aller, ni au retour. Déjà l'on escompte des millions et des millions de tonnes de fret dans les deux sens.

L'avenir apparaît si brillant que l'on songe déjà à relier au Danube d'autres fleuves allemands, ou polonais, l'Elbe, l'Oder, la Vistule.

Il n'échappera à personne que de tels rapports commerciaux, avantageux pour les deux parties, auront une influence politique considérable. Et puis au delà du Danube il y a la mer Noire dont les rives sont peuplées de Slaves et d'Orientaux. Pendant que d'autres diplomaties et des forces armées se disputent les étroits passages des Dardanelles et du Bosphore, l'effort des Allemands se portera librement, et sans entraves par le Danube vers l'Orient et la Russie, et rien ne les empêche d'espérer que la mer Noire devienne un lac germanique.

CHAPITRE XVII

L'Allemagne du Sud

Les créations énumérées dans le chapitre précédent apporteront une aide puissante à l'état économique futur de l'Allemagne du sud. Elle l'a bien compris, puisque c'est de Munich qu'en partent les initiatives. Pays de forêts et d'élevage ils pourront, sans cesser d'être agricoles, devenir carrément industriels, ce à quoi tendent aujourd'hui les efforts de tous les Allemands ; les États du sud se flattent d'égaler un jour ceux du nord. Il y a toujours eu de la part de ces derniers quelque dédain vis à vis des autres, analogue à cette tradition de supériorité que s'attribuent, en tous lieux, les citadins sur les ruraux.

Mannheim

Le grand Duché de Bade y échappe en partie parce que Carlsruhe et surtout Mannheim, étant des ports sur le Rhin, participent à la vie industrielle allemande. La ville de Mannheim peut être considérée comme la métropole commerciale de l'Allemagne du sud. Son port est le plus considérable du Rhin après Duisbourg-Ruhrort ; et, comme, malgré ses grandes

dimensions et ses nombreux bassins, il devenait insuf-
fisant, un groupement de gros industriels, toujours
les mêmes, l'avait doublé avant la guerre d'une série
de bassins privés à *Rheinau*, à 9 kilomètres en amont,
aussi vastes que ceux de Mannheim. Le tonnage de
Mannheim s'élevait à douze millions de tonnes, celui
de Rheinau approchait de dix millions.

Ville badoise de deux cent soixante-quinze mille
habitants, avant la guerre, Mannheim est un peu à
Carlsruhe ce qu'Amsterdam est à La Haye, capitale
de la Hollande.

Exactement en face, sur la rive gauche du Rhin,
Ludwigshafen, qui fait partie du Palatinat bavarois,
est le siège de la *Badische Anilin und Soda Fabrik*, au
nord de laquelle, à trois kilomètres, se dresse l'usine
d'Oppau.

La proximité de Mannheim de nos départements
français rend opportunes une courte description de la
cité et l'énumération des principaux établissements
industriels qui l'animent.

Le Mannheim primitif est construit rigoureusement
en damier, dont toutes les cases sont carrées et égales
entre elles; ce serait d'une rare monotonie si les
nouveaux quartiers n'avaient rompu avec cette conception géométrique. Dans l'ensemble la ville est belle.
Située au confluent du Neckar et du Rhin, on a
déplacé, pour agrandir la cité et le port, le lit du
fleuve et de son affluent.

Les grands établissements industriels, reconnaissables à leurs groupes de cheminées, se trouvent
presque tous hors de la ville.

Ce sont d'abord les ateliers de construction de chaudières, machines, locomobiles et locomotives de *H. Lanz*, les plus importants de cette sorte en Allemagne; ils se trouvent au sud de la ville, près du Rhin, occupent 42 hectares dont 200 mille mètres carrés couverts, et donnent normalement du travail à sept mille ouvriers. Cet établissement fournissait un appoint formidable aux constructions de matériel de guerre allemand.

Vient au même rang que *Lanz* la fabrique d'automobiles de *Benz*, située dans un faubourg au nord-est, qui occupait, en 1914, également sept mille ouvriers, mais qui s'est considérablement agrandie pendant la guerre.

Non loin de là, la fabrique de compteurs à gaz et à eau, de robinets et de pompes de *Bopp et Reuter* (quinze cents ouvriers).

Puis le très important chantier de bateaux (*Schiffs und Maschinen-Bau A.-G.*) pour le Rhin et les canaux; la fabrique de caoutchouc *Hutchinson*; de câbles (*Suddeutsche Kabel W.*); *Brown Boveri*, d'origine suisse, constructeurs bien connus de turbines à eau et à vapeur, et enfin la plus vaste fabrique de celluloïd d'Allemagne et d'Europe (*Rheinische Gummi und Celluloïd Fabrik*).

Les industries chimiques sont représentées aussi par de nombreux établissements qui fabriquent, les uns des acides minéraux, d'autres la quinine, la sautonine, l'éther. A citer en tête l'usine *C. Weyl* et Co qui extrait du goudron, le benzol, le phénol, le toluol, la naphtaline, en un mot, les divers explosifs de la série aromatique. On m'a affirmé qu'elle produit en grand, depuis peu, en partant de la naphtaline, ce

STUTTGART. — Une fontaine publique.

liquide nouveau nommé *tétraline*, sur lequel comptent les Allemands pour remplacer l'essence de pétrole.

Derrière le faubourg de Waldhoff, au nord de la ville, émerge d'une haute forêt une belle usine entourée de sa cité ouvrière : c'est une glacerie appartenant à notre Compagnie de Saint-Gobain.

A tous ces éléments d'activité Mannheim ajoute les fonctions de grenier et de moulin à farine de l'Allemagne du sud. Avant la guerre, quatorze millions d'hectolitres de blés d'importation, sans compter les orges, maïs et graines oléagineuses, débarquaient du Rhin à Mannheim ou à Rheinau, et étaient emmagasinés dans des silos géants de 25 à 40 mètres de haut, puis distribués dans de nombreuses minoteries et huileries.

Mais tous ces établissements réunis sont peu de chose en face de l'immensité des usines de la *Badische Anilin und Soda Fabrik* qui fut véritablement l'arsenal chimique des Allemands pendant la guerre.

Je possédais, en 1914, une documentation très étendue en brochures, plans, cartes, graphiques, statistiques, sur Mannheim et Ludwigshafen ; et, comme ces foyers de munitions n'étaient en somme qu'à 140 kilomètres à vol d'avion des lignes françaises, je publiai, dans la *Nature* des 15 mars et 14 août 1915, deux articles où j'énumérai les fabrications de ces deux villes, et leurs emplacements, en ajoutant « *que Mannheim et Ludwigshafen présentaient à nos aviateurs un inépuisable objectif de fructueux exploits* ».

Ces indications ne furent pas écoutées, et l'aéronautique militaire s'acharna, par contre, à envoyer des avions de bombardement sur Stuttgard, située plus loin et qui ne contenait qu’une seule fabrique de poudre, où ils faillirent exterminer... la reine de Suède qui s’y trouvait en résidence, ce qui indisposa encore davantage les Suédois contre les alliés.

Je dois ajouter que, peu de temps après leur débarquement, les chefs de l’État-major américain qui, sans doute, avaient lu ce qui avait échappé aux nôtres, me mandèrent à Chaumont avec tous mes documents et m’y gardèrent deux jours pour en prendre complète communication. Ce ne fut que dans la dernière année de guerre que l’on frappa à coups redoublés sur Ludwigshafen, que l’on aurait pu détruire dès 1915.

Le Wurtemberg

Le Wurtemberg est considéré en Allemagne comme l’État le moins riche en industries. Cet ex-grand Duché dont Napoléon avait fait un royaume, est, en grande partie, formé par l’ancienne Souabe, dont les habitants, les *Schwaben*, ont une réputation, méritée ou non, de lourdeur native d’esprit et de corps.

Dans chaque pays il y a ainsi des villes ou des provinces qui alimentent les railleries des faiseurs d’esprit; à Paris ce sont les natifs de Pontoise ; à Marseille les *Martiguons* (habitants des Martigues), dans l’Est américain les citoyens du Missouri; la Grèce antique avait les Béotiens. Bien qu’ils ne fussent pas les moins avisés — nous le voyons bien aujourd’hui — les juifs, naguère, recevaient des sobriquets souvent péjoratifs, qui leur restaient comme noms patronymiques. Beaucoup portent le nom de Schwab,

Schwaben, Schwoben, Schwob : c'était à l'origine une appellation méprisante.

Toutefois, Stuttgard, la capitale du Wurtemberg, est loin d'être une ville sans agrément. Si l'on y voit une très vieille gare, on y trouve aussi de charmantes promenades, et un bel hôtel de ville tout neuf. L'art moderne y est représenté par des monuments très décoratifs et de jolies fontaines publiques.

Les jardins ex-royaux de Cannstadt sont admirés des touristes qui découvrent de là les ateliers de construction de la célèbre fabrique d'automobiles *Mercédès-Daimler*. Un peu plus loin, sont le parc et les laboratoires de la station agronomique de *Hohenheim*, une des plus réputées de l'Allemagne par ses études sur la sélection et l'alimentation rationnelle du bétail.

De Stuttgard, une ligne directe conduit à *Friedrichshafen* où s'élèvent les chantiers bien connus des *Zeppelins* en bordure de cet imposant lac de Constance, dans lequel viennent se mirer cinq États : la Suisse, sur la rive sud, avec les villes de Rorschach et de Romanzhorn ; à l'est, l'Autriche avec Bregenz, et au nord, la Bavière avec Lindau, le Wurtemberg avec Friedrichshafen et le Bade avec Constance.

CHAPITRE XVIII

Retour au passé

De l'ensemble de ces chapitres, à la suite desquels il en faudrait tant d'autres pour traiter le sujet dans son ampleur, on peut déjà concevoir les projets et les visées de l'Allemagne nouvelle ; on y découvre aussi ses craintes en face des obstacles où pourraient se heurter ses convoitises.

Depuis la défaite de ses armées jusqu'à ce jour, les événements ont plutôt satisfait que déjoué ses espérances. La cause doit en être attribuée pour autant à la faiblesse et aux erreurs de ses adversaires qu'au mérite de ses manœuvres. L'Allemagne a eu la chance extraordinaire qu'aucun des vainqueurs ne s'est souvenu du précepte de Machiavel : *Quand tu as défait ton ennemi, assure-toi surtout qu'il ne puisse un jour se venger.*

Lorsque les alliés ont entouré, on a même dit capitonné, l'Allemagne d'une pléiade de nouveaux peuples sans moyens de résistance, Lithuanie, Esthonie, Finlande, Pologne, Roumanie, Hongrie, Autriche, Tchécoslovaquie et Yougoslavie, venant s'ajouter aux petites nationalités existantes, Belgique, Pays-Bas, Luxembourg, Suisse, Danemark, Roumanie, Bulgarie, Serbie, ils ont méconnu même les lois de la gravitation universelle qui constatent qu'un astre attire toujours à lui les satellites qui gravitent dans son orbite.

De même ils n'ont rien étudié ni accompli pour s'opposer à la revanche économique de leur dangereux adversaire. De cette revanche, nous voyons non seulement les préparatifs, mais déjà les effets. Certains même l'ont favorisée avec une évidence qui dénote de l'aberration ou de la complicité, mais qui, en tout cas, leur sera funeste.

La guerre aura reculé de quelques années l'hégémonie allemande ; mais était-ce la peine de faire tuer des millions d'hommes pour n'obtenir qu'un délai ?

On ne peut plus se tromper en pronostiquant le relèvement économique d'abord, et politique ensuite, de l'Allemagne.

Pour parvenir à leur but, la tactique des Allemands est calculée supérieurement : semer dans le monde entier l'animosité contre le Français, celui de leurs antagonistes qu'ils jugent le moins résistant et qui se trouve le plus à leur portée, et, vis-à-vis des autres, se livrer à des lamentations qui ressemblent à celles des pleureuses aux funérailles romaines. Leur haine seule est sincère, et elle s'explique, mais elle serait moins bruyante, s'ils étaient plus affaiblis.

Leur démoralisation, leur abattement étaient complets à la fin de 1918. A ce moment, on eût pu tout imposer, parce qu'à la défaillance causée par la défaite s'ajoutait la crainte, nullement chimérique, de violents troubles civils. Huit mois, période beaucoup trop longue, se passent avant la signature des conditions de paix. Pendant ce temps, les plus énergiques avaient eu le temps de se ressaisir.

Après quoi ce fut la remontée, d'abord lente et incertaine, mais aidée d'une propagande dont l'activité ne s'est jamais ralentie, et bientôt, devant l'inexécution des clauses et des sanctions, le courage et l'espoir renaquirent ; les tentatives révolutionnaires furent réprimées, et, malgré les affres de la misère momentanée, la majorité des Allemands entrevit la possibilité du retour à la prospérité perdue.

Le Gouvernement débile, que la République avait installé et que les chefs de la politique, de la finance et de la production ne voulurent jamais considérer que comme transitoire, vient d'être dévolu à un des maîtres de l'industrie, et nous n'avons pas apprécié à sa valeur l'appoint que donne à l'effort allemand l'arrivée au pouvoir de l'homme qui a ranimé, en trois ans, ce colosse abattu qu'on appelle la Compagnie Hamburg-Amerika.

Oh ! sans doute l'unanimité n'est point faite encore dans les masses, sans doute on redoute toujours le communisme et aussi les sanctions dont la France, seule aujourd'hui, menace légitimement le Reich, sans doute la population affamée ne touche point encore au terme de ses privations ; mais bien aveugle qui ne verrait pas, en visitant le pays, que le bloc allemand est en voie de se reconsolider !

Comment en douter en contemplant les gigantesques initiatives d'un Stinnes, en étudiant la politique nationale de l'azote, en regardant cette flotte de commerce qui se reconstitue avec une inconcevable rapidité, et, de toutes parts, ces travaux publics, précurseurs d'une productivité plus féconde que jamais.

Écoutons Auguste Thyssen, le doyen de la grande industrie, parlant des hauts fourneaux de 800 tonnes, les plus énormes qu'on ait jamais vus, qu'il est en train de construire : « Vous m'avez pris, dit-il, mon usine toute neuve d'Hagondange, et vous en avez fait une pomme de discorde entre ceux qui l'exploitent. Je possédais, en Normandie, les mines de fer de Diélette, vous les avez noyées. Et ne racontez pas que je suis venu en France accaparer vos ressources. Je n'avais acquis ces gisements qu'au refus de vos métallurgistes et de vos financiers. A Caen, je n'avais point trop mal organisé l'installation de mes hauts fourneaux ; à peine avez-vous tenté de les exploiter et déjà vous les conduisez à la débâcle. »

« Pendant ce temps, je réparais mes pertes. Jugez-en : En 1914, je fabriquais en tout moins d'un million de tonnes de fonte ; en 1923, j'en produirai 1 600 000, grâce à mes nouvelles usines de Hamborn, et sans employer 1 kilogramme de minerais lorrains que vous pensiez m'être indispensables. Mes approvisionnements viennent de Suède, d'Espagne et de Vabana (Terre Neuve). »

Ici, le terrible vieillard cligne de l'œil gauche, tic qui lui est familier quand il lance une boutade.

« On peut vous mettre en mains toutes les ressources du monde, vous manquez de la formation voulue pour entreprendre de grandes affaires. Vous ne les étudiez pas, vous ne les osez pas. Les sommes que vous nous réclamez pour vos réparations, vous les gaspillerez sans profit, comme les houillères de la Sarre et les gisements de potasse alsaciens. En dépit de tout, nous reviendrons à notre passé et vous au vôtre. »

Telles sont les idées émises par Thyssen, sur un ton moins amer que sarcastique.

Ajoutons que cet homme à la formidable audace est en même temps un propagandiste agissant. On raconte en Allemagne que, catholique convaincu, il distribue des libéralités princières à diverses institutions de l'Église romaine, pour le plus grand profit de l'influence germanique.

Voici maintenant un israélite de haut parage, lancé, lui aussi, dans les grandes entreprises. Sa politique est de vanter ses coreligionnaires allemands et de faire leur procès à ceux de France.

« Il n'y eut jamais, dit-il, d'hommes plus fidèles, plus utiles à l'Allemagne que Ballin, Helferich, Rathenau, Otto Wolff, Casella, Maximilien Harden, Warbourg, Berliner, et tant d'autres. Ils ont consacré tout ce qu'ils avaient de force et d'intelligence au développement de la patrie allemande, tandis que vos juifs (*sic*) de France, qu'ils viennent du Nord ou du Midi, ne songent qu'à accumuler sur leurs personnes l'argent, les honneurs, les titres et les décorations.

— Ce que vous me dites, lui répondis-je, me cause un sensible plaisir, en démontrant que l'élite chez les Allemands, si convaincus de la supériorité de leur race, se compose de personnalités qui n'en sont pas.

— Erreur, répliqua-t-il, c'est la *Kultur* germanique qui nous a élevés, tandis que la décadence française déforme ceux qu'elle englobe. »

Quoi qu'il en soit de ces belles affirmations, il se développe, en Allemagne, et en Autriche plus encore, un antisémitisme qui apparaît menaçant.

La note pangermaniste est donnée par la majorité

des personnages en possession d'une situation marquante. Ils l'expriment d'ordinaire avec une violence qui fait penser au *furor teutonicus* signalé déjà avant Jésus-Christ par les auteurs latins. Tous les griefs qui traînent dans leurs journaux défilent dans leurs discours, et le nom de Poincaré y est maudit à chaque phrase. Sincères ou simulés, ces accès de colère et ces cris de vengeance ne cèdent devant aucun argument sérieux. Il faut seulement regretter que nous les laissions intoxiquer, sans aucun antidote, le monde entier de leur propagande polyglotte. Les Universités et les associations patriotiques attisent sans mesure ce feu sacré.

Il paraît difficile qu'on puisse l'éteindre sans employer la manière forte, mais la manière forte habilement préparée et pourvue d'une continuité d'action dont nous n'avons pas encore donné des marques. En politique, la maladresse est plus fâcheuse que l'iniquité. Pour tout homme non prévenu, la France ne poursuit que des revendications légitimes, et cependant... mais que de belles occasions elle n'a pas su saisir!

Au travers de ce déchaînement de haines et de cette guerre économique qui s'annonce si redoutable, il se trouve encore chez nos adversaires des hommes, et non des moindres, qui ont conservé une froide raison et le sens sinon de la justice intégrale, du moins de l'opportunité d'en finir pratiquement avec ce déplorable antagonisme entre peuples. Admettent-ils que le bon droit est de notre côté, puisque nous ne demandons que ce qui nous est dû? Je l'ignore, mais du moins ils se rendent compte que, si elle est la plus faible dans la lutte économique, la France est la plus forte sur un autre terrain.

Cette tendance s'est concrétisée dans les écrits et dans les communications d'un grand industriel qui habite Berlin, M. Rechberg.

M. Rechberg commence par dénier toute possibilité de faire payer les dettes par le gouvernement du Reich, lequel il n'était pas tendre lorsque le docteur Wirth en était le chancelier. Il attribuait à sa mauvaise gérance la responsabilité des énormes moins-values des impôts, la ruine des municipalités, les déficits dans l'exploitation des chemins de fer. Les cent mille employés de trop, que ce dernier service entretient, vont de pair avec l'application de la loi de huit heures. Ce sont là, d'après lui, les bienfaits du régime électoral allemand d'aujourd'hui qui précipite les masses populaires vers le bolchevisme. Il propose nettement le retour à une législation plus conforme aux intérêts de son pays, ce qu'il appelle le retour au bon sens. Jusque-là, ses opinions ne diffèrent pas de celles de ses collègues de la grande industrie.

Toutefois, comme M. Rechberg était anxieux de mettre fin pacifiquement à la tension qui persiste entre la France et l'Allemagne, il a imaginé un plan d'après lequel la grande industrie allemande consentirait à faire participer le gouvernement français à ses bénéfices en lui concédant des actions des principales firmes; notre gouvernement restant libre de faire de ses titres tel usage qui lui plairait, notamment de les vendre sur le marché financier français, ce qui lui procurerait immédiatement des fonds. M. Rechberg, d'après ses conceptions, admettrait volontiers l'accès de personnalités françaises dans les conseils d'administration des sociétés ou des Konzern allemands.

Cette combinaison méritait assurément une sérieuse attention. La principale condition de sa réussite était, d'abord, qu'elle fût admise par les industriels allemands, et la seconde que le gouvernement français y fût favorable. Il ne paraît pas jusqu'ici qu'elle ait rencontré, tant au delà qu'en deçà du Rhin, un accueil bien chaleureux, surtout à mon avis, parce que, depuis lors, les rapports réciproques se sont envenimés. Mais cependant si, après une période d'hypertension aiguë, on en venait à des tractations amiables, le plan Rechberg mériterait d'être remis sur le tapis.

Ceux qui connaissent le caractère des Allemands savent qu'au moment même de leur plus violente colère, il y a un coin de leur occiput qui élabore en silence des projets d'arrangement. J'ai vu ce phénomène si souvent que, s'il se produisait quelque jour prochain, il n'y aurait pas lieu d'être autrement étonné. Une telle complexité n'existe pas dans nos esprits ; mais quels atouts nous mettrions dans notre jeu si, au lieu de croire que tous les cerveaux sont faits comme les nôtres, nous nous persuadions qu'il y a à l'étranger des différences !

La mécanique rationnelle distingue deux sortes d'état : le statique et le dynamique. Semblablement, on voit des nations qui, en face du même accident fâcheux, travaillent, se démènent, manœuvrent et y échappent, et d'autres qui le constatent, se lamentent, pérorent et le subissent.

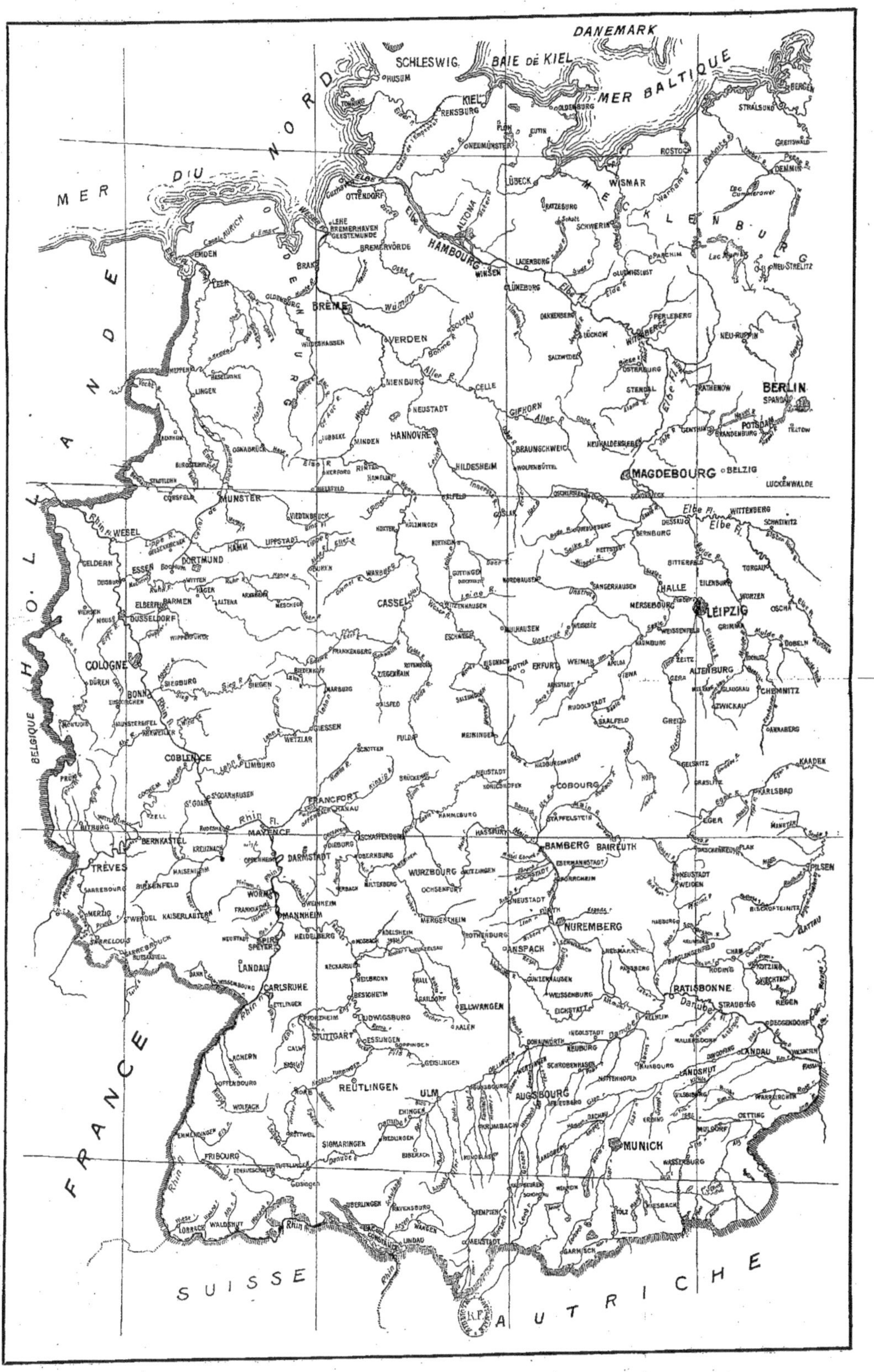

DANEMARK
SCHLESWIG
BAIE DE KIEL
MER BALTIQUE
MER DU NORD
KIEL
RENSBURG
HUSUM
TONING
NEUMÜNSTER
OLDENBURG
EUTIN
PLON
BERGEN
STRALSUND
GREIFSWALD
ROSTOCK
DEMMIN
NEU-STRELITZ
WISMAR
LÜBECK
RATZEBURG
SCHWERIN
MECKLENBURG
Lac Müritz
Cummerower
PARCHIM
HAMBOURG
ALTONA
LEHE
BREMERHAVEN
GEESTEMUNDE
BREMERVÖRDE
OTTENDORF
BRAKE
WINSEN
LADENBURG
LÜNEBURG
OLDESLUST
PERLEBERG
WITTBERGE
NEU-RUPPIN
MER
AURICH
EMDEN
LEER
OLDENBURG
BREME
WILDESHAUSEN
VERDEN
SOLTAU
LÜCKOW
SALZWEDEL
OSTERBURG
STENDAL
RATHENOW
BERLIN
SPANDAU
HOLLANDE
MEPPEN
HASELÜNNE
LINGEN
OSNABRÜCK
LÜBBEKE
MINDEN
NIENBURG
CELLE
NEUSTADT
GIFHORN
BRAUNSCHWEIG
WOLFENBÜTTEL
POTSDAM
BRANDENBURG
GENTHIN
TELTOW
BELGIQUE
COESFELD
MUNSTER
WESEL
GELDERN
ESSEN
BOCHUM
DUISBURG
WITTEN
HAGEN
HAMM
LIPPSTADT
VIEDENBRUCK
BIELEFELD
HERFORD
HAMELN
RINTELN
HÖXTER
HOLZMINDEN
NORTHEIM
GÖTTINGEN
HILDESHEIM
GOSLAR
NORDHAUSEN
SANGERHAUSEN
DESSAU
BERNBURG
BITTERFELD
WITTENBERG
SCHMEIDNITZ
TORGAU
HALLE
MERSEBURG
EILENBURG
WURZEN
LEIPZIG
OSCHA
DÖBELN
MAGDEBOURG
BELZIG
LUCKENWALDE
GELDERN
DÜREN
DORTMUND
ELBERFELD
BARMEN
DUSSELDORF
NEUSS
VIERSEN
WIPPERFÜRTH
COLOGNE
DÜREN
BONN
SIEGBURG
SIEGEN
EUSKIRCHEN
MÜNSTEREIFEL
AHRWEILER
CASSEL
WARBURG
FRANKENBERG
BIEDENKOPF
MARBURG
ZIEGENHAIN
ALSFELD
GIESSEN
WETZLAR
FULDA
SCHOTTEN
EISENACH
GOTHA
ERFURT
WEIMAR
APOLDA
ARNSTADT
JENA
GERA
ZEITZ
ALTENBURG
GLAUCHAU
CHEMNITZ
ZWICKAU
GREIZ
RUDOLSTADT
SAALFELD
MEININGEN
HILDBURGHAUSEN
COBOURG
HOF
OELSNITZ
PLAUEN
KARLSBAD
EGER
KAADEN
COBLENCE
LIMBURG
ST GOARSHAUSEN
ST GOAR
ZELL
BITBURG
MAYENCE
RUDESHEIM
OFFENBACH
HANAU
FRANCFORT
DARMSTADT
DIEBURG
ASCHAFFENBURG
HAMMELBURG
NEUSTADT
SCHWEINFURT
SONNEFELD
STAFFELSTEIN
BAMBERG
BAIREUTH
PILSEN
BERNKASTEL
KREUZNACH
OPPENHEIM
WORMS
ERBACH
MILTENBERG
WÜRZBOURG
KITZINGEN
OCHSENFURT
EBERMANNSTADT
FORCHHEIM
NEUSTADT
WEIDEN
BISCHOFTEINITZ
TRÈVES
SARREBOURG
BIRKENFELD
MERZIG
ST WENDEL
KAISERLAUTERN
FRANKENTHAL
MANNHEIM
WEINHEIM
MERGENTHEIM
ROTHENBURG
FÜRTH
NUREMBERG
HERSBRUCK
CHAM
KÖTZING
KLATTAU
SARRELOUIS
SARREBRÜCK
NEUSTADT
SPIRE
SPEYER
HEIDELBERG
ADELSHEIM
MOSBACH
NECKARSULM
MERGENTHEIM
ANSPACH
NEUMARKT
PARSBERG
RODING
LANDAU
WEISSENBURG
CARLSRUHE
ETTLINGEN
BRUCHSAL
HEILBRONN
HALL
GAILDORF
ELLWANGEN
GUNZENHAUSEN
WEISSENBURG
EICHSTÄTT
KELHEIM
RATISBONNE
STRAUBING
REGEN
DEGGENDORF
ACHERN
PFORZHEIM
BESIGHEIM
LUDWIGSBURG
AALEN
WEISSENBURG
DONAUWORTH
INGOLSTADT
NEUBURG
ABENSBERG
DINGOLFING
LANDAU
OFFENBOURG
STUTTGART
CALW
ESSLINGEN
GÖPPINGEN
GEISLINGEN
HEIDENHEIM
SCHROBENHAUSEN
NEUBURG
LANDSHUT
VILSBIBURG
PFARRKIRCHEN
PASSAU
WOLFACH
REUTLINGEN
ULM
AUGSBOURG
FRIEDBERG
DACHAU
ERDING
MÜHLDORF
ALTÖTTING
EHINGEN
KRUMBACH
EMMENDINGEN
FRIBOURG
SIGMARINGEN
BIBERACH
MÜNCHEN
MUNICH
WASSERBURG
WALDSHUT
LÖRRACH
TUTTLINGEN
ÜBERLINGEN
RAVENSBURG
KEMPTEN
ROSENHEIM
MIESBACH
TÖLZ
FRANCE
SUISSE
AUTRICHE
LINDAU
CONSTANCE
GARMISCH
Rhin Fl.
Elbe R.
Danube
Main
R.F.

Table des Matières

Imprimerie de J. DUMOULIN, à Paris. — 12.22.1168

PIERRE ROGER ET Cie, ÉDITEURS

54, RUE JACOB, PARIS (VIe)

Bibliothèque pratique de Droit

Comment on emploie son argent à la Bourse, par André MACAIGNE, docteur en droit, avocat à la Cour d'appel. Un volume in-16, broché. . . . . **5 fr. 50**

Manuel pratique de la Propriété industrielle et commerciale, par FERNAND-JACQ. Un volume in-16, broché . . . . . . **6 fr. »**

Le Délit de mensonge, par André JACQUEMONT, avocat à la Cour d'appel. Un volume in-16, broché. . . . . **5 fr. 50**

Escrocs et Demi-Escrocs. *Etude pratique de l'escroquerie et du dol*, par A. JACQUEMONT. Un volume in-16, broché . . . . . **5 fr. »**

De l'Association en participation, par Lucien ADOLPH, avocat-conseil de Sociétés. Un volume in-8, broché. . . . . . **3 fr. 50**

Manuel pratique des Sociétés anonymes étrangères, par Lucien ADOLPH, avocat-conseil de Sociétés. Un vol. in-16, br. . **6 fr. »**

Manuel-Guide pratique des Fondateurs, Administrateurs et Actionnaires de Sociétés anonymes, par J. PRIEZ, chef de comptabilité, commissaire-censeur et administrateur de Sociétés anonymes. *Troisième édition mise à jour.* Un vol. in-16, broché . . . . **6 fr. »**

Entre Employeurs et Employés : *Petit Manuel du contrat de travail*, par E. POURTIER. Un volume in-16, broché . . . . **3 fr. »**

Guide des assurés, par A. COUTANT :
1° *Assurance-incendie.* Un volume in-16, broché. . . **2 fr. 50**
2° *Assurance-accidents.* Un volume in-16, broché . . **2 fr. 50**
3° *Assurance-vie.* Un volume in-16, broché. . . . . **3 fr. »**

Comment loger les autres et se loger soi-même à bon marché, par A. BOUR. Un volume in-16, broché. . . . . **3 fr. »**

Les Responsabilités civiles du propriétaire d'immeuble, par J. GUÉRIN et L. HERVÉ. Un volume in-16, broché. . . . **5 fr. »**

Des Réparations locatives. *Jurisprudence et pratique*, par Jean FUGAIRON, architecte. Un volume in-16, broché. . . . **6 fr. 50**

Comment on partage une succession, par L. PARISOT. Un volume in-16, broché, *avec appendice sur successions des militaires décédés.* . . . . **5 fr. »**

Guide du plaideur. *Comment on attaque, comment on se défend devant tous les tribunaux.* Un volume in-16. . . . . . . **5 fr. »**

Registre de situation foncière utilisable 3 ans. 1 registre cartonné. . . . . **6 fr. 50**

Traité théorique et pratique avec formulaire sur les rentes françaises, par L. GIRAUD, docteur en droit. Un vol. gr. in-8 de XVI-688 pages. Prix : broché . . . . **14 fr. »**